Literatura y política: el *Libro de los estados* y el
Libro de las armas de don Juan Manuel

Scripta Humanistica

Directed by
BRUNO M. DAMIANI
The Catholic University of America

ADVISORY BOARD

Literatura y política:
el *Libro de los estados* y el *Libro de las armas* de don Juan Manuel

María Cecilia Ruiz

𝔖cripta 𝔥umanistica

57

Ruiz, María Cecilia.
    Literatura y política: el Libro de los estados y el Libro de las armas de don Juan Manuel / María Cecilia Ruiz.
        p. cm. — (Scripta Humanistica : 57)
    Originally presented as the author's thesis (doctoral)—University of California, San Diego, 1987.
    Bibliography : p.
    ISBN 0-916379-63-9 : $37.50
    1. Juan Manuel, Infante of Castile, 1282-1348—Criticism and interpretation. 2. Juan Manuel, Infante of Castile, 1282-1348. Libro de los estados. 3. Juan Manuel, Infante of Castile, 1282-1348. Libro de las armas. I. Title. II. Series: Scripta Humanistica (Series) : 57.
PQ6402.R85   1989
863'.1—dc20   89-33820
            CIP

Publisher and Distributor:
SCRIPTA HUMANISTICA
1383 Kersey Lane
Potomac, Maryland 20854 U.S.A.

A mi padre
a la memoria de mi madre
a Susan Kirkpatrick y a Diego
Catalán
y a Jorge

Table of Contents

Prólogo

En el exemplo XXXIII° del *Libro de los enxiemplos del Conde Lucanor et de Patronio* (1335) don Juan Manuel cuenta, por boca de Patronio, "lo que contesçio a los muy buenos falcones garçeros et señaladamente lo que contesçio a un falcon sacre que era del infante don Manuel", atribuyendo a su propio padre un suceso que, según ha demostrado la crítica, "procede de una tradición literaria muy clara."[1]

El exemplo es la respuesta a las alternativas que don Juan Manuel se plantea, esta vez por boca del conde Lucanor, acerca de cómo emplear mejor una situación de paz:

"A mi contesçio de aver muchas vezes contienda con muchos omnes; et despues que la contienda es passada, algunos conseianme que tome otra contienda con otros, et algunos conseianme que fuelgue et este en paz, et algunos que comiençe guerra et contienda con los moros",

Y esa respuesta, ilustrada por el exemplo, es inequívoca: la elección debe recaer en la última de las tres posibilidades, pues, según comenta Patronio,

"en esto faredes muchos bienes: lo primero, faredes serviçio de Dios; lo al, faredes vuestra onra et bivredes en vuestro officçio et vuesto meester et non estaredes comiendo el pan de balde",

---

1 Según observó ya A.H. Krappe, "Le faucon de l'Infant dans *Le Conde Lucanor*, *BHi* 35 (1933), 294-297, y aceptan M.R. Lida en la n. 4 a la "segunda parte" (o "nota" 11) de "Tres notas sobre don Juan Manuel," *RPh* 4 (1950-1951), 155-194 (trabajo que puede leerse también en *Estudios de literatura española y comparada*, Buenos Aires, 1966, pp. 111 y ss.), y D. Devoto en el IV ("El halcón castigado"), pp. 209-215, de "Cuatro notas sobre la materia tradicional en don Juan Manuel," *BHi* 68 (1966), 187-215.

XI

y, en fin,

"si en la guerra morides, estando en verdadera penitençia,[2] sodes
martir et muy bienaventurado";

o, si no,

"aunque por armas non murades, las buenas obras et la buena entençion vos salvara".

Pero tan meridiana respuesta está lejos de presentar con claridad (y
sinceridad) la "sentencia" del exemplo que resumen al final los versos de don
Juan:

"Si Dios te guisare de aver sigurança,
puña de ganar la complida bienandança"

Porque el verso del "si..." encubre, más que resume, la precondición que la
anécdota contada por Patronio desarrolla de forma plena:

"El infante don Manuel andava un dia a caça cerca de Escalona et
lanço un falcon sacre a una garça. Et montando el falcon con la garça,
vino al falcon un aguila. El falcon, con miedo del aguila, dexo la garça
et començo de foyr. Et el aguila, desque vio que non podia tomar el
falcon, fuesse. Et desque el falcon vio yda el aguila, torno a la garra et
começo a andar muy bien con ella por la matar. Et andando el falcon
con la garça, torno otra vez el aguila al falcon, et el falcon começo a
foyr commo el otra vez; et el aguila fuesse. Et torno el falcon a la
garça. Et esto fue assi bien tres o quatro vezes; que cada que el aguila
se yva, luego el falcon tornava a la garça; et cada que el falcon tornava
a la garça, luego vinia el aguila por le matar.
Desque el falcon vio que el aguila non le queria dexar matar la

***

[2] Don Juan Manuel insiste siempre en esta condición para que las buenas obras
del guerrero que combate a los moros sean dignas de premio a los ojos de Dios. Cfr. el
"exemplo ... del salto que fizo el rey Richarte de Inglaterra en la mar contra los moros"
(*Lucanor*, ex. III) y, sobre todo, el cap.° LXXVI de *Estados*, ed. Tate-Macpherson,
pp. 147-148. Comenté ya esta última exposición en las páginas finales (580-582) de
"Ideales moriscos en una crónica de 1344," *NRFH* 7 (1953), 570-582, corrigiendo la
lectura dada al pasaje por A. Castro.

garça, dexola; et monto sobre el aguila, et vino a ella tantas vezes feriendola fasta que la fizo dester[r]ar d'aquella tierra. Et desque la ovo desterrada, torno a la garça. Et andando con ella muy alto, vino el aguila otra vez por lo matar.

Desque el falcon vio que non le valia cosa que feziesse, subio otra vez sobre el aguila et dexose venir a ella, et diol tan grant colpe quel quebranto el ala. Et desque ella vino caer, el ala quebrantada, torno el falcon a la garça et matola".

Aunque Patronio nos diga

"Et esto fizo porque tenia que la su caça non la devia dexar luego que fuesse desenbargado de aquella aguila que gela enbargada",

es evidente que la anécdota no sólo está contada para subrayar, como hace Patronio, que un "grand señor" debe seguir su "caça" a todo trance, sino para sugerir que un "buen falcon garcero" puede y debe, llegado el caso, quebrar el ala del "aguila" que se interpone en su camino, sin que le impida actuar así el mayor poder y el carácter regio del ave con que se enfrenta.

Es precisamente esa increible (según la "historia natural") hazaña del buen halcón garcero la que, si aceptamos (como creo que hay que aceptar) el juicio de los comparatistas, don Juan Manuel habría "robado" a la tradición literaria. Pero en todos los otros casos citados el cuento se reduce a la hazaña del halcón que da muerte al águila, sin que el enfrentamiento exija la repetida interrupción del "oficio" del halcón por el águila; y, desde luego, el propósito del relato no puede ser en esos cuentos más diverso que en el "exemplo" manuelino, ya que va siempre rematado con una sentencia ejecutada por el señor del halcón, quien, por más que reconozca el valor de la noble ave de caza, la decapita, por considerarla "reum laesae majestatis", ya que "avea morto il suo sengnore" natural, al águila real.[3] La mutilación

---

3 Los relatos "paralelos" aducidos por la crítica son: una anécdota del *Novellino*, ("Qui conta come lo 'mperadore uccise un suo falcone"), en la que el emperador Federico hace tajar la cabeza a su halcón; Bandello, en la 2ª novela de la 1ª serie, donde el rey de Persia, aunque corona a su valiente halcón, lo hace decapitar por haber dado muerte a su señor, y un relato judío ("Der junge König und sein Falke") de A. M. Tendlau, en que el joven rey da a sus cortesanos la misma lección. A estos tres relatos, citados ya por Krappe, agregó Lida un texto de Alexandrus Necham, en *De naturis rerum libri duo* ("De accipitre suspenso"), según el cual cierto

del cuento tradicional por parte del aristócrata castellano privándole de su habitual desenlace constituye una atrevida innovación, pues subvierte la ejemplaridad del relato admitiendo como justo y permisible el daño infringido al ave real por el ave señorial.

La adscripción de la anécdota al infante don Manuel, padre de don Juan, contribuye, por otra parte, a aproximar el mensaje. Permite recordar, sin aludir para nada a ello, la forma en que el hermano menor de Alfonso X quebró el ala de su rey, presidiendo el acto en que el rey Sabio fue depuesto en Valladolid (1282); y, de esa forma, amenazar al rey reinante, Alfonso XI, sugiriendo la posibilidad de que el propio don Juan Manuel le quiebre igualmente el ala, si insiste en su hostilidad hacia el buen halcón garcero que don Juan está seguro de ser.

El mensaje central del "exemplo" no podía escapar a los lectores contemporáneos de don Juan Manuel, igual que hoy en día no puede dejar de ser obvio a cuantos conozcan la biografía del hijo de infante.[4] Y, sin embargo, ni Patronio, ni el autor del *Libro de los enxiemplos del Conde Lucanor et de Patronio* tienen que hacerlo explícito; es más, se guardan muy bien de incluirlo o aludirlo en sus explicaciones del consejo con que adoctrinan al conde Lucanor, o a nosotros, receptores finales de los ejemplos de vida incluidos en el libro.[5]

---

rey de Britania ahorca a su atrevido azor, matador de un águila, por haber cometido un crimen de lesa majestad.

[4] Ya Krappe observó "la difference du point de vue" entre el relato manuelino y el del *Novellino*, y atribuyó uno y otro a la posición política respectiva de los autores: "Le point de vue de Don Juan Manuel était donc très naturellement celui des grands vassaux de la couronne ou, pour retcurner à notre conte celui du faucon..." (p. 296). Lida por su parte, subraya que "muy lejos de limitarse a narrar un inocente suceso de caza, don Juan Manuel trastornó la intención primitiva del cuento para acomodarlo a su propia conducta de vasallo rebelde" (p. 189). Más elaborado es el comentario de Devoto, quien destaca que "este ejemplo XXXIII, uno de los menos estimados por la crítica, me parece el más interesante del libro, y como el símbolo de don Juan Manuel, no sólo como muestra de su ambicioso atrevimiento en materia política, sino en su pura condición de escritor" (p. 215).

[5] Los comparatistas que sitúan la anécdota manuelina en su contexto literario no se detienen a comentar el escamoteo, por parte de Patronio y del autor del *Lucanor*, de la lección central creada (mediante la manipulación del cuento tradicional) por don Juan Manuel. Esta "segunda" hábil manipulación es la que me parece más definitoria del hijo del infante don Manuel (del hombre político y del hombre escritor). Sólo Krappe (p. 297) se pregunta : "Mais pourquoi, nous dira-t-on, ne c'est-il pas exprimé un peu plus clairement?" y responde: "La discrétion politique était une vertu au XIV$_e$ siècle comme au XX$_e$"; pero lo único que echa de menos es la aclaración innecesaria de que "l'aigle c'est le roi."

La forma sutil con que don Juan Manuel defiende el derecho y la posibilidad, que un gran señor acosado por el rey —como lo era él— tiene, de hacer caer a tierra a ese rey (quebrándole el ala en el curso de su altanero vuelo), nos debe alertar a los lectores de su obra, preparándonos para prever las celadas encubiertas que hay siempre en su estrategia literaria y para que no nos dejemos coger de sorpresa por la táctica del "tornafuy", que aprendió de los moros granadinos (*Estados*, ed. Tate-Macpherson, cap. LXXX°, p. 154), o le creamos dispuesto a mantener la paz (ideológica) cuando, por haber llegado el tiempo de la recolección, necesita una tregua para almacenar provisiones y preparar la resistencia futura (*Estados*, ed. Tate-Macpherson, Cap. LXX°, p. 134).

Como he subrayado hace algún tiempo,[6] la escritura no es en don Juan Manuel un entretenimiento en horas de ocio; es siempre una arma —ofensiva o defensiva, según los casos— a la cual acudirá, una y otra vez, en su permanente contienda para mantener y acrecentar su honra en el curso de una vida azarosa, marcada por las difíciles expectativas propias del estado, oficio y mester que Dios le asignó al "nacerle" hijo de infante, esto es, nieto de rey, pero no rey.

Así lo ha entendido también Cecilia Ruiz en esta su lectura de dos obras fundamentales de don Juan Manuel.

Al releer, en la primavera de 1989, las páginas dedicadas por Cecilia Ruiz al *Libro de los estados* y al *Libro de las armas* he vuelto a sentir la agradable sorpresa de haberme dejado arrastrar por el amor al personaje central de uno y otro tratado, que no es otro (no podía ser otro) que el propio don Juan. Ello se debe, no hay duda, no sólo a la fascinación que me produce aquel "omne essencial" (como lo hubiera calificado, de haberlo conocido y retratado, Fernán Pérez de Guzmán), sino al arte y la pasión de la autora. Cecilia Ruiz ha sabido, en efecto, salir al encuentro de la "persona," identificarse con el orgullo y la sonrisa irónica de don Juan hijo del infante don Manuel, padecer sus "insomnia", para después ser capaz de encuadrar a nuestro "omne essencial" en el "officio y meester" propios del "estado" o

---

6   D. Catalán, "Don Juan Manuel ante el modelo alfonsí: El testimonio de la *Crónica abreviada*," en *Juan Manuel Studies*, ed, I. Macpherson, London: Tamesis Books, 1977, pp. 17-51, 2. Se reedita en el libro: D. Catalán, *La Estoria de España de Alfonso X. Creación y evolución*, cap. IX. Ya en mi tesis doctoral (1951) me interesé por la "confesión" de don Juan Manuel acerca de la delicada posición social de los "hijos de infante" para quienes es difícil mantener su honra y ser, a la vez, "buenos" (*Estados*, ed. Tate-Machperson, cap.° LXXXV°, pp. 170-173).

estamento de que es representante (unas veces, de forma máximamente fiel al prototipo; otras, como un espécimen humano singular único), y, a partir de ese conocimiento de la "persona," analizar paso a paso cómo "el mayor omne que señor oviesse" castellano de la primera mitad del s. XIV construye dos de sus obras más comprometidas, y lo que revela y lo que encubre con su extraordinaria estrategia literaria.

Diego Catalán

Introducción

(1)

En 1982 se celebró el séptimo centenario del nacimiento de don Juan Manuel (1282-1348) con la publicación de la primera edición de sus obras completas.[1] Editada por José Manuel Blecua y publicada por la casa editorial Gredos, esta edición invita a que se preste más atención a las obras secundarias de este autor, a quien se conoce principalmente por su famosa colección de ejemplos el *Conde Lucanor*. Además del *Conde Lucanor* (1330-1335), este gran prosista castellano de la primera mitad del siglo XIV escribió otros trece libros, seis de los cuales son ahora inexistentes.[2] Los siete que se conservan son: la *Crónica abreuiada* (anterior a 1325), el *Libro de la caza* (1325-1326), el *Libro del cauallero et del escudero* (1326-1327), el *Libro de los estados* (1327-1330), el *Libro enfenido* (1336), el *Libro de las armas* (1342-1345) y el *Tractado de la Asunción de la Virgen María* (posterior a 1345).[3]

El estudio de estas obras secundarias de don Juan Manuel está todavía

---

[1]   En 1955 se publicó un volumen de la edición que preparaban Jose María Castro y Calvo y Martín de Riquer de las obras completas de don Juan Manuel, sin después llegar a completarse la edición. Este primer volumen contiene el *Prólogo general*, el *Libro del cauallero et del escudero*, el *Libro enfenido* y el *Libro de las armas*.

[2]   Para más información sobre estas obras perdidas véase la introducción de Jose Manuel Blecua a la edición de las *Obras completas*.

[3]   Para la datación de las obras de don Juan Manuel sigo la que establece Jose Manuel Blecua (*Obras*), quien incorpora y discute las fechas propuestas por Giménez Soler en 1932 (*Don Juan Manuel. Biografía y estudio crítico*, Zaragoza, 1932, 161-176).

1

en su "infancia", quizá como consecuencia de la falta hace poco de una edición cuidada de sus obras completas. De hecho, son pocos los estudios que profundizan en la relación entre todas o que analizan en exclusividad una de ellas. Queda, pues, mucho campo para ambos tipos de estudio. El presente trabajo pertenece al segundo tipo de los dos que he enunciado. En él me ocupo por separado de dos de estas obras de don Juan Manuel, el *Libro de los estados* y el *Libro de las armas*. He dedicado un ensayo a cada libro para respetar y destacar la singular concepción de cada uno de ellos. Los examino por separado, aunque los dos libros tengan una profunda relación entre sí, de manera que la lectura del *Libro de las armas* —que estudio en el segundo ensayo— complementa la lectura del *Libro de los estados*, del que me ocupo en el primero. Antes de entrar en el examen particular de una y otra obra y de sus relaciones, he creido conveniente introducir los dos libros con unas observaciones generales sobre la actividad y la producción literaria de don Juan Manuel.

Su actividad literaria es, en verdad, la primera originalidad notable de don Juan Manuel. Que fuera un noble y un escritor lo convertía en una excepción dentro de una sociedad en la que la nobleza era por lo general ruda e inculta, y la composición de libros estaba a cargo principalmente de clérigos y de estudiosos, o "scientíficos", como los denomina el autor. Él mismo nos dice que sus contemporáneos lo criticaban por escribir libros. En el *Libro enfenido* comenta: "Et commo quier que yo se que algunos profaçan de mi por que fago libros, digo vos que por eso non lo dexare" (Obras completas, I, 182). Y un poco más adelante defiende su actividad literaria señalando que prefiere escribir libros a perder el tiempo "en iugar los dados o fazer otras uiles cosas" (*OC*, I, 183); (se entiende que esto es lo que hacían sus críticos). Por otro lado, el que don Juan Manuel se convirtiera en escritor no sorprende, ya que era sobrino de Alfonso X el Sabio (1252-1284), cuyas obras conocía y leía. En efecto, es del todo patente que su tío fue su principal modelo en la etapa más temprana de su carrera literaria. Su primera obra, la *Crónica abreuiada*, que ha sido estudiada por Diego Catalán, es basicamente un sumario de la *Estoria de España* de Alfonso X. [4]

---

[4]   Diego Catalán aclara enfáticamente que la *Estoria de España* (el arquetipo de las Crónicas generales) era un texto abierto compuesto de múltiples manuscritos ("códices y cuadernos de trabajo del taller alfonsí"). Estos códices y cuadernos a su vez contenían "bien secciones ya concluidas de la *Estoria de España*, bien fragmentos en curso de elaboración (unos ya bastante avanzados, otros en las etapas iniciales de la construcción)." ("El modelo alfonsí", *Don Juan Manuel Studies,* ed. Ian MacPherson, Tamesis Books Limited, London 1977, 30. Auto-cita de Diego Catalán: "El

Según Diego Catalán, lo que revela esta primera obra de don Juan Manuel es que en la etapa más temprana de su formación como escritor escribir era para él un tipo de segunda lectura: "En un principio, el propósito de don Juan al "sacar' de la Crónica o Estoria de España de Alfonso X "una obra menor' fue sólo hacer más fácil su tarea de lector, poder asimilar mejor el contenido de la obra "cumplida'" ("Don Juan Manuel ante el modelo alfonsí: El testimonio de la *Crónica abreuiada*", 26) Es decir, no había en esta primera etapa una gran diferencia entre la actividad de leer y la actividad de escribir; el autor hacía ambas con el mismo fin de "acreçentar" su saber. Don Juan Manuel leía (escribía) para encontrar (anotar) "exenplos" y "castigos" (consejos) que aplicar a su propia vida.[5]

Esta etapa autodidáctica, como la nombra Diego Catalán, da paso a una etapa didáctica, a partir del momento en que don Juan Manuel decide escribir un libro sobre un tema —la caza— del que podía hablar basándose en su propia experiencia; el autor era, en efecto, un apasionado y hábil cazador. Con su *Libro de la Caza*, explica Diego Catalán, su escritura se hace más independiente de su lectura y de su modelo, las obras de su tío, al sentirse más libre de incorporar su propio conocimiento, adquirido gracias a su experiencia personal: el *Libro de la caza*, en el que don Juan Manuel "acomoda (con libertad) las enseñanzas de Alfonso X sobre la caza a su anecdotario y a su conocimiento práctico de cazador", marca "perfectamente el paso hacia obras como el *Libro del cauallero et del escudero* y el *Libro de los estados*" en las que cobra relieve otro modelo "mucho más al alcance de don Juan Manuel, la vida misma" ("Don Juan Manuel ante el modelo alfonsí", 51). Considerándose instruido por la vida misma —la mejor maestra que hay— don Juan Manuel se juzga suficiente autoridad para a su vez enseñar a otros; su obra cobra madurez paralelamente a la confianza que cobra en sí mismo como maestro y modelo.[6]

La literatura didáctica es prevalente en la época en que escribe don Juan Manuel, pero no lo es la incorporación explícita de la experiencia per-

---

Taller historiográfico alfonsí: Métodos y problemas en el trabajo compilatorio", *Romania*, LXXXIV, 1963, 354-375). La relación de la *Crónica abreuiada* con esta *Estoria de España* "no 'cerrada" es tan compleja como lo es la misma *Estoria*, según se ve por la explicación que proporciona Diego Catalán.

[5] Según Diego Catalán, nuestro autor también aprendió de la lectura de las obras de su tío la importante "lección estilística" de "saber escribir poniéndolo 'todo conplido e por muy apuestas rrazones e en las menos palabras que se podia poner'" ("El modelo alfonsí", 51).

[6] Kenneth Scholberg desarrolla este tema en su artículo "Modestia y orgullo: una nota sobre Don Juan Manuel" (*Hispania*, XLII, 1959, 24-31).

sonal en la literatura didáctica. Ésta es una de las facetas más originales de la obra manuelina. En el *Libro del cauallero et del escudero* se observa que don Juan Manuel ha aprendido —al escribir el *Libro de la caza*— que su experiencia personal es la mejor materia de la que dispone, la única de la que puede estar seguro (Diego Catalán), y el mejor y más sincero regalo que puede ofrecer a sus lectores, pues, como dice él mismo en esta misma obra, "de las cosas que omne non sabe non deue fablar en ellas commo de las que sabe" (*OC*, I, 97). Con todo, en este libro don Juan Manuel todavía no incorpora datos y detalles precisos de su vida —excepto en el prólogo, que vamos a ver más adelante; sólo se limita a decir muy de vez en cuando —a través del personaje, el viejo caballero que instruye al joven escudero— "et por que passe por ello et lo vi, uos puedo fablar en ello çierto et verdaderamente" (*OC*, I, 76).

Es en la siguiente obra, en el *Libro de los estados*, en la que la incorporación de la experiencia personal del autor llama la atención sobremanera. Esto es por dos razones. Primero, no solamente nos proporciona muchos detalles personales de su vida, sino que también la manera de incorporarlos es sumamente original. Lo hace con un juego literario, a través de uno de sus personajes ficticios, un filósofo que se llama Julio. Julio 'conoce' a don Juan Manuel, y en las sesiones en las que instruye a un joven príncipe se acuerda periódicamente de algún detalle de la vida de don Juan Manuel, que ilustra la lección particular del momento. Esto es muy interesante, pues si la importancia del *Libro de la caza* estriba en que es la primera obra en la que el autor se siente libre de incorporar su experiencia personal, la importancia del *Libro de los estados* está en que es la primera obra en la que juega así con los planos literarios. Este juego demuestra más confianza por su parte en su talento como narrador y creador de ficciones. (Como se sabe muy bien, este talento lo aplicará con una maestría extraordinaria en su siguiente obra, el *Conde Lucanor*).

El plano autobiográfico en el *Libro de los estados* llama la atención también por una segunda razón: observamos que no tiene sólo un propósito didáctico sino también otro fin que en la obra de don Juan Manuel es totalmente nuevo, el autopanegírico. En otras palabras, en su escritura el autor sigue incorporando su experiencia personal —la práctica— pero ahora hace además su escritura práctica a otro nivel, el político. Esto es lo que el *Libro de los estados* tiene en común con el *Libro de las armas*: este penúltimo libro del autor es también auto-panegírico —y aun más que aquél— y, por tanto, también político; de hecho, escandalosamente político.

A continuación voy a introducir esta faceta política de la obra manuelina

4

recordando un dato personal muy curioso de don Juan Manuel: que padecía insomnios. Puede parecer que una cosa no tiene nada que ver con la otra, pero no es así; tienen increiblemente mucho que ver.

(2)

Diego Catalán ha observado que la actividad literaria de don Juan Manuel coincide con su mayor actividad política. Ha sido el primero en señalar que ésta es generadora de aquélla ("Don Juan Manuel ante el modelo alfonsí", 22-26). Esta relación, por lo general ignorada, es básica en la obra manuelina. Si no se toma en cuenta, tanto la comprensión de la formación de don Juan Manuel como escritor como el conocimiento de sus obras quedan incompletos.

Don Juan Manuel participa en el escenario político castellano desde una edad muy temprana; pero es precisamente a partir de 1319 cuando realmente empieza su tensa e inquieta vida política, primero en su lucha por la tutoría del niño rey Alfonso XI, en la que escapa por milagro de un complot para asesinarlo, y luego en sus propias relaciones difíciles con el mismo rey, ya una vez que éste es mayor de edad y ha sido entronizado (1325).[7] La contienda entre ambos —que muchas veces pone en grave peligro la vida del autor— habrá de durar hasta 1338, cuando don Juan Manuel es, final y definitivamente, sometido por el monarca.

Con tanta inquietud y peligro en su vida no sorprende que don Juan Manuel sufriera de insomnio. Pero es a este insomnio al que debemos en gran parte la composición de sus libros. Cuando de noche no podía dormir, porque le tenía preocupado algún problema, pesar o nuevo peligro, don Juan Manuel se ponía a leer o a escribir. Esto lo sabemos por lo que nos dice en el prólogo al *Libro del cauallero et del escudero*, que dirige a su cuñado, el Arzobispo de Toledo:

Hermano sennor, el cuydado es vna de las cosas que mas faze el omne perder el dormir, et esto acaesçe a mi tantas vezes que me enbarga mucho a la salud del cuerpo; et por ende, cada que so en algun

_____
[7] Describo estas relaciones difíciles entre don Juan Manuel y el rey Alfonso XI con más detalle en los dos ensayos que aquí presento. Ahora bien, las desarrollo más en el ensayo sobre el *Libro de las armas*, donde, por la misma naturaleza del libro, incluyo más materia histórica.

5

cuydado, fago que me lean libros o algunas estorias por sacar aquel cuydado del coraçon (*OC*, I, 39).

Se servía de la lectura, por tanto, no solamente para "acreçentar" su saber, sino también para distraerse de su "cuydado de coraçon", para invitar al sueño. Para lo mismo escribió el *Libro del cauallero et del escudero*, para distraerse de un "cuydado" que le mantenía despierto:

> Et acaeçiome oganno, seyendo en Seuilla, que muchas vezes non podia dormir pensando en algunas cosas en que yo cuydaua que seruiria a Dios muy granada mente, mas por mis peccados non quiso el tomar de mi tan grant seruiçio... *Et seyendo en aquel cuydado, por lo perder, començe este libro que vos enuio* (*OC*, 1, 39).

Este "cuydado", el punto de partida del libro, es purgado en el mismo libro con una explicación del mundo —que "es lleno de pesares"—, y de la vida —en que "la muerte anda todo el dia entre los pies"—, y del hombre —quien no conoce "al omne con quien fabla todo el dia por grant tienpo que en vno duren."[8]

El *Libro de los estados*, que escribió don Juan Manuel entre 1327 y 1330, también tiene como punto de partida un contratiempo. El autor menciona en su prólogo que escribió el libro durante un "doloroso et triste tienpo". Sabemos por los documentos de la época, especialmente por las cartas personales del autor y por la *Gran Crónica de Alfonso XI*, que este "doloroso et triste tienpo" se debió a una gran deshonra de que le había hecho víctima el rey Alfonso XI. No quiero aquí adelantar los detalles que expondré en el primer ensayo de este trabajo; basta decir por ahora que por esta deshonra cometida contra su persona el autor seguramente pasó muchas noches sin poder dormir, las que aprovechó para escribir este libro, que es el más largo de los suyos. Ahora bien, la gran diferencia entre el *Libro del cauallero et del escudero* y el *Libro de los estados* es esta: aquél lo escribió el autor con el fin de distraerse del pesar que le embargaba el sueño, y éste lo escribió con el fin de buscar y proporcionar una solución a su contratiempo. En efecto, don Juan Manuel había descubierto para sí un nuevo

---

[8]   Los comentarios más interesantes que se han escrito sobre este libro de don Juan Manuel son los de Norman Schafler en *The Works of Don Juan Manuel: The Aesthetic and Ideological Development of a Writer*. (Unpublished Dissertation, Cornell University, 1973).

uso para la escritura, el de sustituir la experiencia real y problemática mediante la experiencia literaria, en que todo puede resolverse.

El *Libro de las armas* (1342-1345) también fue escrito en circunstancias dolorosas. Como mencionamos arriba, el rey Alfonso XI había sometido definitivamente a don Juan Manuel en 1338. El libro responde directamente a esta derrota, como el *Libro de los estados* responde a la primera gran deshonra que el autor recibió del rey. Es decir, los dos libros constituyen dos estrategias literarias distintas que corresponden a dos etapas muy distintas en la carrera política del autor. En ambos libros el autor corrige a su favor el balance del poder entre el rey y él. Ambos libros, por tanto, constatan que si bien la escritura fue, en un principio, un tipo de segunda lectura para don Juan Manuel, en esta etapa madura se convirtió para él en una segunda práctica, en una segunda experiencia con que sustituir a la primera, la del contexto (Diego Catalán, Seminario sobre don Juan Manuel, 1979).

Un consejo principal y favorito de don Juan Manuel es "punnad en conosçer el tienpo, et aprouechad uos del, et obrad en toda cosa segund el tienpo lo demanda" (*LE,OC*,I, 187). Esta es, nos asegura, "vna de las mayores corduras del mundo" (Ibidem). La obra manuelina se basa en la conciencia de que los tiempos cambian, de que "lo que en vn tienpo se deue fazer o dezir, que enpesç[e]ria mucho de se fazer o se dezir en otro tienpo" (Ibidem, 181). Esto es, hay que distinguir y medir bien cada circunstancia, cada "tienpo", y elegir el comportamiento o las palabras que mejor respondan a ella, en otras palabras, la estrategia para mejor combatirla. Como hemos señalado, el *Libro de los estados* y el *Libro de las armas* son, cada uno, una estrategia, la que, para don Juan Manuel, mejor podía responder, en cada caso, a las circunstancias en que escribió uno y otro libro.

En el prólogo al *Libro de los estados* el autor dice que escribió la obra "segund el doloroso et triste tienpo... *cuydando commo podria acertar en lo mejor et mas seguro.*" Por el contenido del libro sabemos que "lo mejor et mas seguro" en ese "doloroso et triste tienpo" fue plantear un orden social rígidamente jerárquico —la sociedad estamental— en que cada hombre tiene la obligación de cumplir con las responsabilidades de su estado, según estaban configuradas por el derecho establecido y las costumbres. Al teorizar las relaciones sociales poniendo el énfasis en la posición y la conducta debida correspondiente, el autor delimita los ámbitos de poder, en especial el del rey, lo cual equivalía a establecer para sí un margen de seguridad, una medida de protección. El peligro y la inseguridad a los que estaba expuesto cuando escribió el libro quedan atenúados en el texto al marcar bien la distancia que separa su estado, el de hijo de infante, al del rey, y al trazar

7

para ambos una ética sancionada. La conducta arbitraria del rey en el contexto es reprochada indirectamente en el texto al contrastarla con la del rey modelo que se atiene a las reglas. Por otro lado, don Juan Manuel demuestra su conducta intachable al introducirse en el texto como personaje que cumple modélicamente las obligaciones de su estado.

"Lo mejor et mas seguro" también estriba en la postura diplomática del libro. La manera de manejar don Juan Manuel lo que en el momento de escribir el libro estaba más presente en su mente —el agravio que recibió del rey— es proceder de lado, nunca abiertamente ni de frente. No es directo; alude. Lo que escuchamos al respecto del agravio son ecos. Por ejemplo, estas palabras que uno de los personajes dirige al rey modelo, "Sennor,..., so çierto que vos sodes tal que non faredes ninguna cosa contra lo que vna vegada prometedes" (*OC*, I, 224), resuenan, porque evocan la promesa que el rey le hizo a don Juan Manuel, que luego no cumplió; y de allí el agravio. El *Libro de las armas,* en cambio, toma una postura política mucho más descarada (aunque también abundan en él las alusiones indirectas). De hecho, en un tiempo anterior don Juan Manuel nunca hubiera dicho tan abiertamente lo que dice en el *Libro de las armas,* su penúltima obra. Pero tampoco había estado antes en circunstancias tan deprimentes como las de ahora: sometido por el rey que le había agraviado tanto. Además, estaba ya viejo, y no pensaba vivir mucho más; podía y quería despedirse escandalosamente.

El *Libro de las armas,* sin embargo, no puede reducirse a esta faceta política; también entra en la obra total de don Juan Manuel de otras maneras significativas, que convienen seññalar antes de definir más su postura política.

(3)

Lo que claramente distingue los últimos libros de don Juan Manuel (el *Libro enfenido* y el *Libro de las armas*) de sus primeros es que expresan una mayor preocupación por el futuro de su linaje. Esto se debía seguramente a la ya avanzada edad del autor. Hacer cuentas de su abolengo heredado y adquirido y pasar instrucciones a los que lo habían de heredar empezaron a ocuparle a partir de 1336. En este año escribió el *Libro enfenido,* que consiste en una serie de consejos que da a su hijo heredero. Sus dos objetivos principales son transmitir a este hijo una firme conciencia del lugar privilegiado que hereda e instruirle en la administración de la casa según la tradición de la misma. En 1339 el autor escribió un testamento, y en el mes de agosto del siguiente año escribió otro.[9] Siguió después la composición del *Libro de las armas* (1342-1345), que, en principio, escribió don Juan Manuel para pasar a la memoria de sus descendientes el recuerdo de los orígenes del linaje.

El *Libro de las armas* pertenece claramente a un género de antecedentes establecidos: el denominado literatura de familia, cuyas muestras medievales son hoy día tan apreciadas por la escuela de Georges Duby en el campo de la sociología.[10] Los primeros ejemplos aparecieron a finales del siglo XI, en el seno de las grandes familias nobles; pero ya en el siglo XV la práctica también era usual entre mercaderes, especialmente donde más fuertes e importantes eran, en Florencia.[11] El gran valor del *Libro de las armas* se debe, en primer lugar, a que es uno de los escasos ejemplos medievales que de este tipo de literatura han sobrevivido (desgraciadamente esto no se ha reconocido), y en segundo lugar, a que es de los mejores y más sofisticados, según podemos notar por ahora simplemente a través de la enumeración de las características principales del género.[12]

1) Generalmente el padre de familia encargaba la composición del documento a un clérigo dependiente de la casa; pero en algunos pocos casos raros lo escribía el mismo padre de familia. Naturalmente éstos, entre los que se cuenta el *Libro de las armas*, son más personales y revelan más íntimamente la psicología del noble medieval.

2) La mayoría de los ejemplos son rudimentarios y sencillos: árboles genealógicos o listas cronológicas de los importantes acontecimientos en la historia de la familia. Sólo algunos pocos son verdaderos relatos, como lo es el *Libro de las armas*, y tienen, además de su gran valor histórico, un especial

---

[9]   Véase la publicación "Dos testamentos inéditos de Don Juan Manuel" de Mercedes Gaibrois de Ballesteros (B.R.A.H., XCIX, 1931, 25-59).

[10]   Georges Duby: *Medieval Marriage. Two Models from Twelth-Century France*, Baltimore, 1978; *The Chivalrous Society* ,University of California Press, Berkeley y Los Angeles, 1980; *Los tres órdenes o lo imaginario del feudalismo*, Argot, Barcelona, 1983. J.E. Ruiz Domenec: *El origen de la obra de arte feudal*, Bellaterra, 1979; *La memoria de los feudales*, Editorial Humanitas, Barcelona, 1984. K. Hauck: "The Literature of House and Kindred Associated with Medieval Noble Families, Illustrated from Eleventh and Twelth Century Satires on the Nobility" en *The Medieval Nobility* (ed. T. Reuter, Amsterdam, 1979), 62-85.

[11]   Véase *Two Memoirs of Renaissance Florence* de Gene Prucker (Harper and Row, New York, 1967).

[12]   Aunque estas características no están enumeradas en lugar alguno, las he podido deducir y reunir gracias a la lectura de las obras citadas arriba, y especialmente al conocimiento íntimo que tengo del mismo *Libro de las armas*.

valor literario. La superioridad literaria del *Libro de las armas* se debe, naturalmente, al talento narrativo de don Juan Manuel, ya comprobado genialmente en el *Conde Lucanor*. De hecho, para escribir esta historia de su familia —la familia real castellana— el autor se valió de toda su madura experiencia de narrador, de modo que, según Américo Castro, el *Libro de las armas* se puede considerar el mejor ejemplo de prosa histórica en lengua castellana del siglo XIV (*La realidad histórica de España*, 369).

3) Tiene esta literatura de familia el mismo propósito que toda la actividad historiográfica de la época, que es combatir el olvido. En efecto, gran parte de lo que cuenta don Juan Manuel en el *Libro de las armas* no se consigna en las Crónicas castellanas, sino que es de naturaleza más privada: conocimiento de ello le llegó en la forma de historias que le fueron contando distintas personas cuando era niño y joven. El hecho de que ya había cumplido los sesenta años debió de haberle inducido a transcribir estas historias, a fin de que, a su muerte, no cayeran para siempre en el olvido.

4) Todos los ejemplos de esta literatura tenían una función jurídica, la de "legitimar la posesión de algo por su pertenencia en el pasado a una casa, a un linaje" (Ruiz Domenec, *La memoria de los feudales*, 133). A través de los años, don Juan Manuel había acrecentado enormemente las posesiones (tierras, castillos, villas, etc.) que había heredado de su padre, el infante don Manuel, hijo menor de Fernando III el Santo y Beatriz de Suabia; y en parte compuso el *Libro de las armas*, en el que pone énfasis en ser "fechura" de reyes, para que su descendencia se valiera de él en caso de que se cuestionara en algún momento su derecho legítimo a estas posesiones.

5) En la mayoría de los casos la composición de estos documentos tuvo como motivo principal una básica inseguridad con respecto al futuro, debida al desarrollo de cambios estructurales en el gobierno y en la sociedad. Don Juan Manuel había venido atestiguando y sufriendo una creciente centralización de la monarquía bajo el rey Alfonso XI (1325-1350) que resultaba perjudicial para él y otros miembros de la alta nobleza. De hecho, como sabemos, el poder de don Juan Manuel disminuyó considerablemente al someterle el rey en 1338, por lo que su futuro y el de su linaje se tiñeron de una gran inseguridad.

6) Precisamente por esta inseguridad, que se observa latente en estos escritos, la literatura de familia suele ser panegírica: al trazar los orígenes "gloriosos" del linaje, las cabezas de familia buscaban reafirmar su importancia y contrarrestar —por lo menos por escrito— la situación insegura en la que se hallaban. En la literatura de familia anglosajona y franco-germana, por ejemplo, es común encontrar que se mencionan a héroes o a personajes

míticos como ascendientes (David Crowne). La fantasía que se encuentra en la española, en cambio, es de otro género; es religiosa. Don Juan Manuel, por su parte, asegura en el *Libro de las armas* que su linaje, bendito por Dios desde el principio, tiene la misión divina de vengar la muerte de Jesucristo. Esta declaración sumamente arrogante de don Juan Manuel introduce la postura política del libro, que es abiertamente antidinástica. El autor no sólo enaltece su linaje con afirmaciones como la de arriba, sino también achaca delitos y pecados al linaje real (a partir de Alfonso X, el hermano de su padre), por los que este mismo linaje supuestamente recibió la maldición divina.

Como ya hemos dicho, entendemos esta postura que toma aquí don Juan Manuel como respuesta a su derrota ante el rey Alfonso XI (bisnieto de Alfonso X) en 1338, pero también hay que entenderla a la luz de la posición social en la que nació el autor, la de hijo de infante no heredero. Hay que ver que un linaje de infante no heredero tendería a nutrir una política antidinástica a partir del momento de tomar conciencia de su destino —y resentirlo— de "desheredar", de no heredar el trono. Es don Juan Manuel, más que su padre, quien desarrolla esta conciencia, por una serie de razones que explico en el ensayo. Es con él con quien el linaje cobra conciencia de sí como el linaje de los Manueles frente al linaje real. En el *Libro de las armas*, de hecho, don Juan Manuel cuestiona el derecho (moral) del linaje real a ocupar el trono castellano-leonés e imagina a su propio linaje en su lugar.

(4)

Hemos mencionado que hay una relación profunda entre el *Libro de los estados* y el *Libro de las armas*, y ahora la podemos aclarar. Es interesante encontrar en el primero de ellos —que tiene como tesis principal el deber del hombre de conformarse con el estado en que ha nacido por voluntad divina— signos que sugieren que el mismo don Juan Manuel no estaba conforme con haber nacido hijo de infante. Y que no estaba conforme, en efecto, nos lo confirma la lectura del *Libro de las armas*. Por ahora, sin embargo,

---

[13] Nos explica Ruiz Domenec que el aristócrata solía 'alquilar' al escritor. "La escritura era un ejercicio profesional, solidamente pagado,(en este momento, deberemos comenzar a contemplar la función social del mecenazgo), ocupado en su mayor parte por los clérigos, educados en las escuelas urbanas y episcopales y estrechamente ligados con la cultura latina" (*La memoria de los feudales*, Editorial Humanitas, Barcelona, 1984, 49-50).

olvidémonos de este pequeño libro, donde habla don Juan Manuel de ángeles mensajeros de Dios, envidia entre infantas, entrevistas secretas entre enamorados y reinos por conquistar, y comencemos la lectura del *Libro de los estados*, donde un filósofo que se llama Julio describe a un príncipe que se llama Johas los distintos estados de los que se componía la sociedad estamental medieval.

El *Libro de los estados*

El *Libro de los estados* de don Juan Manuel es una de las obras que mejor representa la coexistencia de un marco legendario de discursos teológicos, filosóficos y éticos que con tanta frecuencia se ve en la literatura didáctica de la Edad Media. Por otra parte, esta obra del gran magnate castellano de la primera mitad del siglo XIV ha tenido particular interés para el crítico moderno por la descripción que en ella se emprende de los distintos estados de la sociedad estamental medieval, y por las referencias autobiográficas que esporádicamente inserta el autor. Pero esta misma naturaleza multifacética y heterogénea de la obra ha ocasionado una apreciación del libro notoriamente desbalanzada y, a veces, negativa por parte de la crítica. Por lo general, se le ha reconocido más a la obra su gran valor histórico y testimonial que su valor literario, con el resultado de concederle sólo una función auxiliar como medio para conocer la época o la vida de don Juan Manuel.[1]

Esto ha resultado, a su vez, en una obvia escasez de estudios literarios dedicados exclusiva o principalmente al libro.[2] Además, los pocos estudios

---

[1]   De enorme valor es la biografía de don Juan Manuel que escribió Giménez Soler en 1932: *Don Juan Manuel. Biografía y estudio crítico*. El autor se sirve en gran parte de la información autobiográfica que proporciona don Juan Manuel en su producción literaria. En esta biografía está recopilada también la correspondencia de don Juan Manuel que todavía se conserva.

[2]   A mi entender sólo hay tres estudios que hasta la fecha se dedican exclusivamente al *Libro de los estados*. En 1982 Joaquín Gimeno Casalduero publicó en *Don Juan Manuel: VII Centenario* (Universidad de Murcia, 1982) su artículo "El *Libro de los estados*: composición y significado" (pp. 149-161), que estudia brevemente la estructura de la obra. En 1976 se publicó *El Libro de los estados: Don Juan Manuel y la sociedad de su tiempo* (Porrúa Turanzas, Madrid) de Jose R. Araluce Cuenca, y en

que han atendido a su valor literario se han enfocado en uno o dos aspectos de la obra, o han tratado del libro solamente como una obra más entre las otras obras de don Juan Manuel bajo estudio.[3] Como consecuencia de estas formas de acercarse al *Libro de los estados,* carecemos hoy de una comprensión de la obra en su conjunto, así como de la interrelación de sus partes, y no se ha prestado atención a su específica función dentro del contexto histórico en que fue compuesta.

La justificación principal de este ensayo es la de suplir en algo esta escasez notoria de estudios literarios en torno al *Libro de los estados* y proporcionar una visión de la obra más completa que la que hasta ahora ha sido presentada. Propongo llevar a cabo esta tarea desarrollando dos temas principales. El primero consiste en refutar la opinión de Giménez Soler de que a la obra le falta unidad,[4] que considero niega uno de los mayores logros de

---

1933 el artículo de Manuel Torres López, "La idea del imperio y de la guerra en el *Libro de los estados*" (*Cruz y Raya,* 8), pp. 33-72. Ambos son estudios de índole temática, sociológica e histórica. Otros estudios de parecida naturaleza sobre la obra general de don Juan Manuel son: de Castro y Calvo, *El arte de gobernar en las obras de don Juan Manuel* (Barcelona, 1945); de Delia L. Isolda, "Las instituciones en la obra de don Juan Manuel" (*Cuadernos de Historia de España,* XXII-XXII, 1954), 70-145; de Luciana de Stéfano, "La sociedad estamental en las obras de don Juan Manuel" (*Nueva Revista de Filología Hispánica,* XVI, 1962), 329-354; de J.A. Maravall, "La sociedad estamental y la obra de don Juan Manuel" (*Cuadernos Hispanoamericanos,* 67, 1966), 751-768; y de Celestino Arenal, "Don Juan Manuel y su visión de la sociedad internacional del siglo XIV" (*Cuadernos Hispanoamericanos,* CIII, 1976), 90-109.

[3] Se han escrito excelentes estudios literarios sobre la obra total de don Juan Manuel, en los que se señalan también los aspectos literarios del *Libro de los estados.* En el renombrado artículo, "Tres notas sobre don Juan Manuel," (*Romance Philology,* 4, 1950-1951 155-194), María Rosa Lida de Malkiel observa el juego literario que efectúa don Juan Manuel al introducirse como personaje en el *Libro de los estados* y la propaganda que hace en él de sus otras obras. Los interesantes trabajos de Kenneth R. Scholberg, "Modestia y orgullo: una nota sobre don Juan Manuel," (*Hispania,* 42, 1959, 24-31), y "Don Juan Manuel: personaje y autocrítico," (*Hispania,* 44, 1961, 457-460), también hacen observaciones importantes en cuanto a las innovaciones en el *Libro de los estados.* Scholberg señala los muchos comentarios metaliterarios en la obra y la gran conciencia que expresa don Juan Manuel de su función de escritor. El estudio más extenso que se ha escrito sobre la estructura y la narrativa del *Libro de los estados* es el de Norman Schafler, *The Works of Don Juan Manuel: The Aesthetic and Ideological Development of a Writer* (Unpublished Dissertation, Cornell University, 1973). Schafler compara el *Libro de los estados* con el *Libro del cauallero et del escudero* y el *Conde Lucanor.*

[4] Según Giménez Soler, a la obra le falta unidad "porque no podría clasificarse en ningún género literario" (*Don Juan Manuel,* 195). Pero este hecho de valerse de varios géneros no es criterio para medir la unidad de la obra. El mejor criterio, y en

14

don Juan Manuel en el *Libro de los estados*, precisamente la unidad dentro de la multiplicidad. El segundo tema consiste en desarrollar la concepción del *Libro de los estados* como instrumento político personal de don Juan Manuel.

Antes de presentar la razón por la cual defiendo la unidad del *Libro de los estados*, hay que considerar el comentario de Giménez Soler de que la obra "no podría clasificarse en ningún género literario" (*Don Juan Manuel: Biografía y estudio crítico*, 195). Para que esta observación verdaderamente corresponda a nuestra obra, habrá que añadir que no se puede clasificar en ningún género literario *único*; pero ello ocurre igualmente con otras obras didácticas de la época.[5] De hecho, el *Libro de estados* se vale de una leyenda y del género de los estados, y posiblemente también del género espejo de príncipes.[6] Esta mezcla no fragmenta el libro propiamente dicho, ni es una muestra de desorganización por parte del autor, sino que es el resultado de un proceso consciente de selección, ya que las tres tradiciones están adaptadas de tal modo que apoyan los postulados principales del libro; constituyen tres formas distintas de decir la misma cosa. Este proceso de adaptación es una característica imprescindible de la obra didáctica, ya que el didactismo precisamente consiste en adaptar y subordinar todo a la doctrina que se quiere defender.[7] En ello estriba la unidad del *Libro de los estados*, ya que las tradiciones que en él se combinan están integradas y subordinadas a la doctrina que plantea y defiende. Por otro lado, es importante demostrar la unidad de la obra, porque ella se relaciona con el esfuerzo realizado por don Juan Manuel en el *Libro de los estados* para establecer y extraer orden y coherencia del caos, de la inestabilidad y la fragmentariedad del mundo en que vive, la Castilla de la primera mitad del siglo XIV.

La concepción del *Libro de los estados* como instrumento político halla

---

esto baso mi estudio, es la coherencia de la visión del mundo que exprese don Juan Manuel en el libro. La unidad del *Libro de los estados* consistiría en que todas las partes y elementos de la obra contribuyesen a esta visión o ideología.

[5] El *Libro del cavallero Zifar*, obra anónima en prosa, escrita alrededor de 1300, es "un *specimen* de todos los géneros de ficción y aun de la literatura doctrinal que hasta entonces se habían ensayado en Europa" (Menéndez y Pelayo, *Orígenes de la novela*, tomo I, Editorial Bailly/Baillière, Madrid, 1925), 295.

[6] Esta posibilidad de que varios capítulos en el *Libro de los estados* constituyesen un espejo de príncipes me fue sugerida por un comentario de R.B. Tate y Ian Macpherson en su introducción al *Libro de los estados* (Oxford, Clarendon Press, 1974). Cito este comentario en el texto.

[7] Esta definición del didacticismo la proporciona Paul Hernadi en *Beyond Genre* (100).

confirmación en la observación de que don Juan Manuel no empieza a escribir hasta edad madura, coincidiendo su actividad literaria con su máxima actividad política (1320-1342). Don Juan Manuel inicia su *Libro de los estados* (1327-1330) en una etapa de su vida política particularmente tensa e inquieta. Por cuestiones de honra se hallaba en guerra con el propio rey de Castilla y León, Alfonso XI. Habiendo sido deshonrado, la guerra fue uno de los recursos de que disponía don Juan Manuel para recuperar la honra; obviamente escribir fue su segundo recurso. El *Libro de los estados* cumple la función de restaurar su honra, recoger y levantar su imagen caída, reproduciéndola en su entereza, firmeza y gloria, al establecerse como autoridad de la materia que maneja (don Juan Manuel, autor), y como ejemplo y modelo que seguir, introduciéndose como tal en su propia obra (don Juan Manuel, personaje). Por otro lado, el carácter de instrumento político de la obra se presenta inequívocamente a otro nivel, pues don Juan Manuel establece en y a través del libro alianzas y reconciliaciones con contemporáneos suyos, principalmente don Juan, el Arzobispo de Toledo, a quien dedica el libro, y con el propio Alfonso XI (habiéndose establecido entre ambos una tregua ya para cuando el autor había terminado la primera parte del libro). En el sistema feudal en que la posición del noble dependía tanto de contratos, lazos personales y alianzas, el *Libro de los estados* no puede dejar de tener importancia en este aspecto práctico. Y por último, el mismo libro, escrito con la intención de publicarse (escribe Don Manuel al Arzobispo de Toledo, su cuñado, "non me atreui yo a publicar este libro fasta que lo vos viesedes", *OC*, I, 208) y de que se distribuyera, puede representar el deseo de don Juan Manuel de que contribuyera a extender y reproducir su influencia y autoridad, de la misma manera que lo harían sus sellos, cartas, vasallos, tropas, cargos y tierras, pero mejor que cualquiera de éstos, al ser perecederos, en tanto que el libro guardaría su memoria para la posteridad.[8]

Para mejor considerar estos temas, la unidad y la función política del *Libro de los estados,* el presente ensayo está dividido en tres secciones principales. En la primera proporciono una descripción general de la obra a fin de preparar el desarrollo de los temas señalados. Aprovecho la oportunidad para señalar asimismo otras características interesantes de la obra que no tienen relación directa con los temas que nos interesan, pero que, sin em-

---

[8] Ian Macpherson discute la preocupación —rara en la Edad Media— de don Juan Manuel por el destino de sus manuscritos ("Don Juan Manuel: "The Literary Process", *Studies in Philology,* 70, 1973), 1-18.

bargo, contribuyen a iluminar tanto la naturaleza del libro como la personalidad de don Juan Manuel como escritor. En la segunda sección me ocupo del primer argumento en apoyo de la unidad de la obra. Para esto me enfoco en la adaptación que hace don Juan Manuel de la leyenda de *Barlaam y Josafat* y en la enumeración que hace de los estados dentro de unas consideraciones de las características generales del género según la primera autoridad al respecto, Ruth Mohl.[9] Esto es en sí un objetivo principal de este ensayo, porque hasta ahora la crítica no se ha ocupado de encajar el libro dentro del género de los estados.[10] Además, es importante relacionar el uso que hace don Juan Manuel del género porque permite determinar en qué consisten los ajustes que ha debido hacer para que encajara en el designio total de la obra. En la tercera sección aduzco información esencial sobre la actividad política de don Juan Manuel; observo el alcance político de que el libro lo haya dedicado a su cuñado, el Arzobispo de Toledo; presento la situación frágil en que don Juan Manuel comenzó a escribir el libro; sugiero la posibilidad de que los capítulos dedicados al emperador y al rey sean exponente del género espejo de príncipes, con sus posibles implicaciones dentro de la intencionalidad política de la obra; y finalmente, comparo la manera en que don Juan Manuel maneja su propio estado, el de hijo de infante, con el manejo de los demás que describe. Siguen las conclusiones.

---

9   *The Three Estates in Medieval and Renaissance Literature*, Frederick Ungar Publishing Co., New York, 1933.
10   En su introducción al *Libro de los estados* R. B. Tate y Ian Macpherson consideran la posibilidad de que el libro entre dentro del género de los estados: "Don Juan Manuel's survey of the estates does not fit in easily with the general pattern which one can extract from a study of the genre. In standard examples of contemporary European literature, one can isolate certain formulas: the enumeration and cataloguing of the estates; a lament over the shortcomings of each estate, often in satirical terms; the failures and lapses in duty to others; and finally the remedies offered for what was usually termed the 'defections' of the estates. If Don Juan Manuel catalogues, he does so in a very partial way, and satire does not seem to have held for him much positive value" (xxiv). Considero que esta observación es errónea, puesto que no se ha tomado en cuenta: 1) la enumeración de los estados no tiene que estar completa para que se considere exponente del género, y 2) el tono satírico tampoco es denominador común del género, sino es un variable. Mi estudio responde a esta observación de Tate y Macpherson que, aunque errónea, es valiosa por ser la primera tentativa, a mi entender, de relacionar el libro con el genéro. Mi posición contrasta con la de estos críticos en que propongo demostrar lo contrario: el *Libro de los estados* es un exponente cabal del género de los estados.

17

El *Libro de los estados* está dividido en dos partes, cada una precedida de su prólogo correspondiente, ambos dedicados al Arzobispo de Toledo. La primera parte se ocupa principalmente de enumerar los distintos estados del orden laico y abarca 100 capítulos. La segunda se ocupa de enumerar los del orden clerical y tiene 51 capítulos. Esta división bipartita es muy común en los tratados de la Edad Media, pero en este caso don Juan Manuel la justifica como modo de no hacer demasiado largo el primer libro: "Mas por (que) segund lo que es scripto fasta aqui, si todo lo que pertenesçe en los estados de la clerizia se scriuiese en este libro et fuese todo vno, serie muy grant libro, et tengo, que si por bien tovieredes, que seria mejor partido en dos partes" (*OC*,I,411). De todos modos, la división bipartita se asienta en la distinción entre el orden laico y el orden clerical, tan fundamental y elemental en la estructura social de la Edad Media.

La composición doblemente extensa de la primera parte es debida en parte a que ésta se ocupa de asentar en sus páginas iniciales la situación ficticia, el encuentro de los personajes que da lugar al diálogo de donde surge gran parte de la temática del libro, la descripción de las "leyes" (religiones) y estados en que viven los hombres en la sociedad de don Juan Manuel. Este planteo ficticio, una adaptación de la leyenda de *Barlaam y Josafat* (la cual se discute en la siguiente sección), consiste en el siguiente relato.

En una tierra pagana en la primera mitad del siglo XIV viven un rey, Morabán, su hijo, el infante Johas, y Turín, el caballero encargado de criar al infante. El rey Morabán, porque quiere proteger a su hijo del sufrimiento para que viva una vida alegre y sin cuidados, pide a Turín que se encargue de que el infante nunca descubra qué cosa es la muerte. El tiempo pasa y el infante crece. Un día sale a pasear por el reino en la compañía de Turín, y en una calle coinciden con una procesión funeraria. El infante se espanta, ya que no había visto cosa igual, y le pregunta a Turín por qué no se mueve aquel hombre y por qué lloran tanto y tan fuerte aquellas personas que caminan detras de él. (Aquí ocurre la primera incidencia que da lugar a un diálogo). Turín no quiere contestar, recordando lo que le había encomendado el rey. Pero el infante le apremia, por lo que por fin le descubre que aquel hombre es un muerto y que aquella gente llora de pena. El infante hace una pregunta tras otra a su amado maestro, quien le explica qué cosa es la muerte, que todos mueren, pero no el alma, que es cosa espiritual y de Dios. Turín señala también que el alma va a parar en la condena o en la salvación eterna. Turín y el infante van entonces en busca del rey, a quien cuentan lo ocurrido. El infante le dice a su padre que quiere aprender cómo mejor salvar su alma. En estas mismas fechas anda predicando por la tierra del rey Morabán un filósofo de nombre Julio, quien es natural de una tierra lejana, "Castiella". Turín, a quien le habían llegado noticias de este filósofo, va en su busca con el permiso del rey. Julio es localizado y traído ante el rey, quien le encomienda la instrucción de su hijo en los asuntos del alma.

Introducidos la escena y los personajes y arreglado el encuentro entre ellos, va desapareciendo el narrador y predominando el diálogo. Los personajes funcionan como "actantes" por cuyas bocas don Juan Manuel va declarando sus propios conocimientos y opiniones. Julio comienza lo que se puede llamar el adoctrinamiento del infante en la religión cristiana. El infante hace preguntas y Julio las responde. El curso del adoctrinamiento es el siguiente: Julio explica al infante el origen del cosmos con relatos bíblicos predominando los del *Génesis*. Enumera a continuación la ley "çierta" que dio Dios a Abraham, la ley de Moisés y los diez mandamientos, y la ley cristiana establecida por Jesucristo. Prosigue describiendo las distintas religiones en las que viven los hombres, la judaica, la musulmana, que denuncia como falsa, y la ley cristiana, cuya superioridad confirma. El infante es convencido, por lo que le comunica a Julio que está dispuesto a practicar la ley cristiana:

> —Julio, padre et maestro —dixo el infante—, bien vos digo que tantas razones et tan buenas [me avedes dicho], et tan declarada mente me avedes mostrado las razones et las avantajas que la ley de los christianos ha de las otras, que el mi entendimiento et la razon me da a entender que esta es la mejor ley, et que en esta puedo saluar mejor el cuerpo et el alma (*OC*,268).

El narrador aparece una última vez (de aquí en adelante sólo se limita a introducir los personajes: "dixo el infante", "respondio Julio") para decir que Julio bautiza a Turín y al infante en octubre de 1328, que es la fecha en que el autor escribe la primera parte de la obra. El rey Morabán es bautizado unos días después. Y sigue la conversión al cristianismo del reino entero.

Los restantes 54 capítulos de la primera parte del libro están dedicados a describir los estados laicos en que viven los hombres. Esta descripción parte del presupuesto de que "en qual quier estado que el christiano biua se puede saluar, si quisiere fazer aquellas obras que son car/r]era de saluaçion" (I, 281). Julio agota sistemáticamente las dudas que tiene el infante en cuanto a los peligros que aporta cada estado para la salvación del alma. (La enumeración que hace don Juan Manuel de los estados se discute en la siguiente sección).

La primera parte del libro termina con don Juan Manuel introduciéndose de nuevo como autor en la tercera persona, apuntando la fecha en que ha terminado su composición y el lugar en que lo ha llevado a cabo, no dejando de anotar que hace cinco días había cumplido los cuarenta y ocho años:

> Acabo don Iohan esta primera parte deste libro en Pozancos, lugar del obispado de Cigüença, martes veynte et dos dias de mayo, era de mill et trezientos et sesenta et ocho annos (fecha que corresponde según nuestro calendario a 1330). Et en este mes de mayo, cinco dias andados del, conpilo don Iohan cuarenta et ocho annos (1,412).

La segunda parte del libro, como ya se ha dicho, está dedicada a describir los estados del orden clerical. En realidad esta tarea no se emprende hasta el capítulo treinta y tres. Las páginas iniciales de esta parte, con excepción del primer capítulo que es el prólogo, se ocupan en hacer algunas observaciones generales con respecto al orden clerical. En este orden es más segura la salvación de las almas, asegura don Juan Manuel, y también es el orden más alto por ser el cuerpo representante de Jesucristo. A continuación se presentan las obligaciones de los clérigos, defensores de la religión cristiana, que consisten en protegerla y predicarla con armas y palabras. Siguen los razonamientos que deben utilizarse en defensa de la religión cristiana ante, primero, los cristianos que dudan y los que no dudan, segundo, ante los judíos, tercero, ante los moros, y cuarto, ante los paganos y gentiles. Hace la diferencia Julio entre lo que puede alcanzar a comprender la razón y lo que sólo puede alcanzar la fe. Continúa un discurso basado en las Cinco Vías de Santo Tomás, en que Julio defiende con la razón la existencia de Dios.[11] Los siguientes veinte y cuatro capítulos, que son la mayoría bastante breves, relatan los acontecimientos centrales de la vida de Jesucristo, desde su concepción por la Virgen María hasta su resurrección y asunción a los cielos.

Terminada esta discusión teológica y evangélica, Julio y el infante ponen su atención en la enumeración y descripción de los distintos estados

---

[11]   Benito y Durán estudia la influencia de Santo Tomás de Aquino en el pensamiento de don Juan Manuel en *Filosofía del infante Don Juan Manuel* (Alicante, 1974).

de la clerecía. El primero (33) presenta una lista general de los estados del clero. En el segundo (34) se explica la metodología y organización que se va a seguir para presentarlos. Los siete capítulos siguientes se dedican al estado del papa. En los ocho capítulos a continuación se describen los demás estados de la clerecía. Y el último, el más largo del libro, está dedicado a elogiar la orden de los predicadores que fundó Santo Domingo de Guzmán, y con la cual estuvo don Juan Manuel estrechamente relacionado: en Peñafiel, su propiedad, fundó un convento dominico; allí quiso que se conservaran sus manuscritos y allí se mando enterrar. Don Juan Manuel sostiene que esta orden es la mejor que existe para la salvación del alma, porque en ella se reconoce, más que en ninguna otra, que las malas obras no son causa para que el hombre sea culpable y, por tanto, sea condenado. Hay que tomar en cuenta en cada caso la situación particular y la voluntad: "ca aun que omne faga mal, si lo faze por ocasion et non de su grado, non deue de haver pena de aquel mal" (*OC*, I, 499). No hay por qué sorprenderse de que don Juan Manuel abrazara con tanto gusto esta postura, habiéndose conducido en ocasiones de una manera descomedida y cruel.[12]

Este lugar tan privilegiado que se le concede a la orden de los dominicos, nada menos que el último capítulo del *Libro de los estados*, revela, no sólo la firme asociación de don Juan Manuel con la misma orden sino también la importancia que se le concede en la obra total. De hecho, el *Libro de los estados* es en cierto sentido una obra dominica, llevada a cabo por un lego. En primer lugar, como señala María Rosa Lida de Malkiel, la orden de Santo Domingo de Guzmán es la primera en preocuparse en gran medida en la predicación de la doctrina ortodoxa al vulgo y en presentarla de modo que la pueda entender ("Tres notas sobre don Juan Manuel", 155). No puede haber duda que el *Libro de los estados* tiene como objetivo inmediato este fin predicador. Más importante, conlleva este esfuerzo de adecuar la materia al entendimiento del hombre no culto. En el prólogo de la primera parte don Juan Manuel escribe que la razón por la cual compuso la obra a manera de preguntas y respuestas es "por que los omnes non pueden tan bien entender las cosas por otra manera commo por algunas semejanças" (*OC*, I, 208). Esta misma preocupación se expresa numerosas veces en el libro, como en este caso: Julio dice al infante, "mas con la merced de Dios, yo vos respondre adelante do bienen estas razones en su lugar, et podredes mejor entender" (*OC, I, 281*). Escribir en lengua romance, ex-

---

[12] Un ejemplo de esta conducta cruel del magnate: en 1321 asesinó al poderoso Diego García, por razones que se mencionan más adelante en este ensayo.

21

plica también María Rosa Lida de Malkiel, es muestra principal de esta orientación hacia el hombre no culto, de esta preocupación de hacer más asequible el saber (Ibidem).

Otro aspecto del *Libro de los estados* que revela una fuerte y directa influencia dominica es la disputa presentada en el libro entre las tres religiones existentes en la península, la judaica, la mahometana y la cristiana. Hay que recordar que uno de los principales motivos de Santo Domingo de Guzmán para fundar esta orden (en plena época de Cruzadas, durante el reinado de Fernando III el Santo) fue su deseo de combatir tanto la herejía como las otras religiones (Friedrich Heer, *The Medieval World,* New American Library, New York, 1962, 232). La orden se estableció como espada de la iglesia para combatir a sus enemigos; de allí la etimología popular de "dominicano": "Domini Canes", perros (guardianes) de Dios. La obra *Summa Contra Gentiles* del famoso dominico Santo Tomás de Aquino es en la época de don Juan Manuel el documento oficial de la orden con respecto a esta vocación defensora. De la misma vena es la obra *Pugio Fidei Contra Judaeos* que escribió en 1278 otro dominico muy conocido, Ramón Martí.

También los dominicos se propusieron combatir, no sólo a los enemigos externos de la iglesia, sino también a los enemigos internos. Desde los tiempos de Gregorio XI (papa entre 1227 y 1241) establecieron los dominicos una fuerte alianza con el papado, ayudándole en las discordias teológicas y políticas que se suscitaban dentro de la iglesia, formulando y reformulando la doctrina ortodoxa (Heer, *The Medieval World*, 232). Esto explica en parte la postura algo tradicional que adopta don Juan Manuel en el *Libro de los estados* con respecto al papado. Julio (DJM) compara el papa con el sol y el emperador con la luna: "El sol es cuerpo mas noble et mayor et mas claro et mas alto... ca la luna non es cuerpo tan noble et es mas pequenna et escura" (*OC*, 1, 284), comparación que primero hizo el papa Inocencio III a principios del siglo XII.[13] Mas, por otro lado, la reserva de Julio (DJM) de entrar en polémica con respecto a cuánto poder tiene verdaderamente el papa, especialmente en lo temporal, revela a su modo precisamente la atmósfera de grandes polémicas y fuerte controversia al respecto en la época del autor:

> A la tercera pregunta que me fazedes, que poder a el papa, cierta mente, sennor infante, esto es muy graue de lo dezir; ca por ventura,

---

[13] Relación hecha por Tate y Macpherson (*Libro de los estados*, xxv). Más información sobre los decretos y el pensamiento de Inocencio III se puede encontrar en *Medieval Political Theory in the West* de R. W. Carlyle (Barnes and Noble, New York, V. 5), 158.

o avria a dezir algo de que me podria venir algun reprehendimiento et avn danno, o avria a dezir contra lo que algunos tienen por verdat et por razon. Et por esto, et por que non quer(r)ia dezir cosa en que muchos pudiesen trauar, non vos quiero dezir sinon lo que es çierto et en que ninguno non pueda contra dezir (*OC*, I, 468).

Julio enseguida observa y agrega que en realidad la polémica no afecta la situación de Castilla, porque este reino no está sometido al poder temporal de los papas:

Mas qual o quanto es este poder, por que yo so de Castiella et los reys de Castiella et sus reynos son mas sin ninguna subgection que otra tierra del mundo, por ende non se yo mucho desto; mas los que son del ymperio, o a los que esto tanne, ellos se lo vean. Ca nos non avemos que adobar en esto nin nos queremos meter en lo que non avemos que librar (468-469).

Estos predicadores de la orden de Santo Domingo de Guzmán eran además fervientes defensores del orden social y jerárquico tal cual existía, posición compartida por el *Libro de los estados*. "Los dominicos no sólo hicieron su aparición como defensores de la Iglesia Romana, sino también como salvaguarda del orden social, en oposición a las herejías que, predicando la renuncia de la propiedad individual de bienes en favor de la comunidad evangélica de bienes, minaban implícitamente las jerarquías de la sociedad medieval", escribe Lida de Malkiel ("Tres notas sobre don Juan Manuel", 158). Esta postura la veremos más adelante funcionar en la adaptación que hace don Juan Manuel de la leyenda de *Barlaam y Josafat*. Por ahora es suficiente observar que en el *Libro de los estados*, efectivamente, se expresa en varias ocasiones un desprecio de la pobreza y un elogio o justificación de la riqueza. En un caso interesante Julio justifica la riqueza afirmando que Jesucristo no fue verdaderamente pobre: "Et commo quier que muchos ayan mouido quistiones en razon de la pobreza de Ihesu Christo, la verdat es esta: que Ihesu Christo non fue del todo pobre, ca fallase por los Euangelios et por la su vida que dineros ouo et omnes gouernaua, et Judas Escariote su mayordomo era" (478). Aun en otra parte dice Julio, "ca vos

---

14 Heer ilumina el conflicto entre el papado y la monarquía con el ejemplo de Bonifacio VIII y Felipe el Hermoso (*The Medieval World*, 231).

sabedes, sennor, que en el Euangelio non loa Dios al pobre, mas loa al pobre de voluntad" (296).

Y, por fin, el último aspecto que quiero mencionar de la relación entre el *Libro de los estados* y la orden dominica es la suma importancia concedida al estudio y al saber. Es sabido que la orden de los dominicos concedió al estudio un lugar predilecto y esencial en sus actividades.[15] Esta reverencia al saber y al estudio también es característica de don Juan Manuel. Aunque está más elaborada en otros libros suyos, especialmente en el *Libro enfenido*, también en el *Libro de los estados* la podemos percibir.[16] Al señalar la manera en que deben de ser educados los niños, nobles, claro, dice Julio: "Et de[s]que pasare[n] de çinco annos adelante, deuen començar poco a poco a les mostrar leer, pero con falago et sin premia. Et este leer deue ser tanto, a lo menos, fasta que sepan fablar et entender latin. Et despues, deuen fazer quanto pudieren por que tomen plazer en leer las coronicas de los grandes fechos et de las grandes conquistas" (324). Con este último consejo de leer para tomar buen ejemplo, podemos aclarar que para don Juan Manuel el saber sólo tiene valor si conduce a un fin práctico, si ayuda al hombre a desenvolverse mejor en las diversas situaciones en la vida con las que se tiene que enfrentar; o si, como hemos venido observando en el ejemplo que representa el infante Johas, asiste en asegurar la salvación del alma, pues no podemos negar que una de las mayores preocupaciones de nuestro autor es qué imagen es la suya a los ojos de Dios y qué suerte se le reserva, cuestión que todo hombre medieval tenía a la fuerza que plantearse.

Hasta aquí quedan resumidas la presentación y la temática del *Libro de los estados* en su más visible y saliente faz. Pero la descripción de la obra no estaría completa sin considerar otros aspectos curiosos, si se puede decir, aspectos que hacen que la obra sea una de las más interesantes de la literatura castellana de las postrimerías de la Edad Media.

Un aspecto capital del *Libro de los estados* son las referencias que esporádicamente hace don Juan Manuel a su propia persona, introduciendo así una dimensión inequívocamente autobiográfica. Don Juan Manuel prepara esta dimensión presentándose como personaje en la obra, como conocido personal de su misma criatura Julio, el filósofo cristiano. Nuestro autor no pierde la primera oportunidad que tiene de establecer esta relación

---

[15]   Para más información sobre este tema véase la obra *Evolution of Medieval Thought* (Knowles, 231).

[16]   Castro y Calvo se extiende en el gran valor que concede don Juan Manuel al saber, y señnala los pasajes en las distintas obras del autor en que esta apreciación se manifiesta ("El arte de gobernar en las obras de don Juan Manuel", 271-275).

ficticia con su personaje más importante. La primera vez que habla Julio, que es cuando se presenta ante el rey Morabán, se introduce no sólo como natural de Castilla sino también como antiguo tutor de un gran hombre castellano, don Juan Manuel. Don Juan Manuel se presenta de esta manera (en tercera persona por boca de Julio) unas veinte veces a lo largo de la obra, como personaje que proporciona información y como personaje que actúa: Julio relata al infante, en el tiempo presente de la narración, que don Juan Manuel, su antiguo discípulo, hizo esto o le dijo aquello en el pasado. Cada referencia que hace Julio a don Juan Manuel toca una circunstancia específica y concreta de su vida; cada referencia viene a ser como si don Juan Manuel abriese de pronto una cortina que le dejase ver en el fondo de la representación desenvolviéndose en los vaivenes del mundo en que le tocó nacer como "hijo de infante".

Esta dimensión autobiográfica es uno de los aspectos de la obra que más ha llamado la atención de los críticos que se han ocupado de estudiarla. Han observado que verdaderamente constituye una muestra del ámbito personal en el arte rara en la Edad Media, en la que tanto abundan las obras anónimas y lo impersonal.[17] No solamente en el *Libro de los estados* aparece don Juan Manuel, sino en todas sus obras. "Todas las obras de don Juan Manuel son personalísimas y subjetivas; todas giran alrededor de sí mismo", escribe Giménez Soler (*Don Juan Manuel*, 192).

Deyermond, por su parte, ha notado que este introducirse el autor en su obra tiene antecedentes precisamente en el sermón. Los predicadores incluían ejemplos autobiográficos en sus sermones para que la materia presentada cobrara más interes y más vida (*A Literary History of Spain*, Barnes and Noble, 1971, 92). A don Juan Manuel no le faltaban tampoco otros modelos. Su mismo tío, Alfonso X, cuyas obras tanto estimaba don Juan Manuel, aparece en sus obras a veces como compilador u organizador y otras veces como personaje relacionado con los hechos históricos referidos. Ramon Llull y Juan Ruiz hicieron también uso de esta técnica.[18] Ahora, es

---

17 Al respecto escribe Lida de Malkiel: "La otra componente de esa fisonomía es una individualidad tan asombrosa como para romper los obstáculos que la convención literaria de la época oponía a la expresión de lo personal, sobre todo en prosa didáctica" ("Tres notas", 184). Scholberg escribe: "El sobrino de Alfonso X nos parece un autor poco medieval tanto en el gusto con que discutió su vida como en los elogios que dio a su propia obra" ("Personaje y autocrítico", 459).

18 Al respecto escribe Lida de Malkiel: "También sugiere un modo muy típico de Raimundo Lulio, quien casi sistemáticamente se refiere en unos libros suyos a otros y a veces a su misma persona" ("Tres notas", 176). Tracy Sturcken compara a don Juan Manuel con Juan Ruiz: "The pairing and contrast with Juan Ruiz are almost in-

verdad que en el caso de don Juan Manuel, con respecto específicamente al *Libro de los estados*, esta técnica cobra dimensiones autobiográficas no igualadas en su época. Además, tiene otro propósito que el de hacer su libro más interesante y vital, que es forjar una imagen ideal y modélica de sí mismo, lo cual tendremos oportunidad de observar en la tercera sección de este ensayo.

Algo que tiene que ver con la identificación del autor con el personaje Julio es el hecho de que el personaje mencione con tanta frecuencia "este libro", es decir, el *Libro de los estados*, en muchos casos como si lo estuviera él mismo escribiendo. Es en verdad algo notable la firme y entera conciencia de Julio de que lo que está "fablando" es "escriptura" que se va poniendo en un libro, "este libro" que él mismo está con trabajo organizando y componiendo; el infante le tiene que rogar constantemente que prosiga en su descripción de los estados porque Julio quiere excusarse de "fablar en los otros estados, que son muchos, et se que tomare en ello muy grant trabajo. Et sera muy grant marabilla si cunplida mente lo pudiere fazer" (394). Julio menciona "este libro" unas diez y seis veces en la obra. La primera vez ocurre relativamente tarde en la composición del libro, en el capítulo 62 de la primera parte. Parece ser que a medida que va tomando forma el libro, paralelamente Julio cobra más conciencia de él. Bastan algunos ejemplos para ilustrar esto. En el capítulo 66 dice Julio al infante: "Et sennor infante, el que leyere este libro, si de buen entendimiento [fuere], bien e[n]tendra commo deue obrar en estas cosas." En el capítulo 82, hablando de la cautela que debe tener el emperador para con sus súbditos, Julio se interrumpe a sí mismo para decir: "Et commo quier que todas quantas cosas para esto son mester non se escriuir todas." Y en el capítulo 93, ya terminando su enumeración de los oficiales, dice Julio: "…. et otros muchos ofiçiales mas menudos que paresçe mejor en los callar que poner en tal libro commo este."

Parece ser también que mientras más se va extendiendo el libro, más se va preocupando Julio de ser más breve. En el capítulo 86 dice: "Et, sennor infante, por que se alongara mucho la razon si uos oviese a dezir la diferencia et departimiento que a entre cada [vna] destas cosas"… "por non alongar mucho este libro non vos las digo aqui." Y en el capítulo 42 de la segunda parte dice el filósofo : "Et, sennor infante, muchas mas cosas vos podria dezir sinon por non alongar el libro mucho." Es, claro, lógico pensar que en estas

evitable (…). Both are felt to play highly visible roles in their works" (*Don Juan Manuel*, Twayne, New York, 1974), 131.

frases es el autor quien se está colando de fondón en la obra sin atender a distinguirse de su personaje; esto refuerza más el hecho de que sus personajes son meros pretextos para sus propios comentarios. Lo muestra claramente este caso que a continuación cito: Julio, consciente de que está "fablando" de manera "escura", dice, "et si alguno beyere este libro et non pudiere leer estas letras, si fuere omne a que yo deua o pueda yr, enbíe por mí; et si fuere omne que deua venir a mi, faga lo si quisiere saber lo que las letras quieren dezir" (429). Obviamente es don Juan Manuel a quien el lector contemporáneo debiera de haber buscado si hubiese querido saber qué es exactamente lo que quiso decir. En otro caso, en cambio, se distingue muy bien entre Julio, el personaje, y don Juan Manuel, el autor; pero, así y todo, lo sorprendente es que Julio rebasa en esta ocasión su papel de personaje y aparece dictando a don Juan Manuel la manera en que debe de dividir el libro, lo cual hace el autor de muy buen grado: "Et pues non cunplia nin fazia mengua de poner y mas, dexolo [Julio] por acabado, et rogo a don Iohan, su criado et su amigo, que lo cunpliese [dividir el libro en dos partes]. Et por su consejo et por su ruego acabo don Iohan esta primera parte deste libro" (412). Si nos atenemos a las reglas del juego, es decir, a la verosimilitud que se quiere lograr en cuanto a la relación entre nuestro autor y su personaje, también en este caso las rompe don Juan Manuel. Recordemos que Julio está predicando en una tierra pagana y don Juan Manuel está en su tierra Castilla, atendiendo a sus obligaciones.

Don Juan Manuel no sólo llama la atención (a través de Julio) repetidas veces respecto al libro que está escribiendo, sino también hace alarde de sus otras obras, mencionándolas con palabras de alabanza. En el prólogo a la primera parte del libro don Juan Manuel aclara que comenzó el *Libro de los estados* después de haber terminado el *Libro del cauallero et del escudero*, libro que escribió en 1326. En el capítulo 67 menciona por boca de Julio otro libro suyo, el *Libro de la caualleria*, obra de don Juan Manuel que se ha perdido y que debió de haber escrito, según Giménez Soler, antes del *Libro del cauallero et del escudero*.[19] Algo se sabe del contenido de este libro porque está esquemáticamente resumido justamente en el *Libro de los estados*, en el capítulo 91, doblando así el interés de nuestra obra. En el capítulo 90 Julio introduce ambos libros con estas palabras de alabanza:

Mas si lo quisieredes saber conplida mente (dice el sabio refiriéndose a

---

19   Diego Catalán también ubica el *Libro de la caualleria* en la obra total de don Juan Manuel ("El modelo alfonsí", 26).

la orden de la caballería) fallar lo edes en los libros que fizo don Iohan, aquel mio amigo: el vno, que llaman *De la cauallería*, et otro, que llaman el *Libro del cauallero et del escudero*. Et commo quiere que este libro fizo don Iohan en manera de fabliella, sabet, sennor infante, que es muy buen libro et muy aprouechoso. Et todas las razones que en el se contienen son dichas por muy buenas palabras et por los mas fermosos latines que yo nunca oy dezir en libro que fuese fecho en romançe; et poniendo declarada mente et conplida la razon que quiere dezir, pone lo en las menos palabras que pueden seer (389).

Para terminar esta revisión de los aspectos sobresalientes del *Libro de los estados* hay que llamar la atención a lo desnudo de su construcción formal. Todos los elementos de su organización están explícitamente y metódicamente puestos de relieve, tanto en las preguntas que hace el infante como en las respuestas que da Julio. Cabe citar un ejemplo del libro. En la discusión del estado del papa dice el infante a Julio: "Et por ende vos ruego que me fabledes bien conplida mente en estas çinco cosas: la primera, en el estado del papa; la segunda, commo se deue criar; la tercera, que podera; la quarta, en que puede merescer; la quinta, en que puede desmerescer" (467). Julio, a su vez, contesta sistemáticamente en el mismo orden las preguntas del infante: "A la primera pregunta que me preguntades"... "A la segunda pregunta que me preguntades", y así sucesivamente hasta agotar la serie de preguntas y presentar el infante otra.

Complemento de esta exposición metódica de la organización es la necesidad de poner cada noción o tema en su lugar apropiado: "Et por que serie fuera de su lugar", dice Julio, "non vos quiero agora dezir speçial mente commo deve el enperador fazer cada vna destas cosas; mas yo las dire adelante, con la merçed de Dios, cada vna en su lugar" (302). Típico de la mentalidad medieval es este sistema jerárquico en que cada entidad tiene su lugar fijo y asignado. Esta también es una característica de la visión teocéntrica del mundo en la que todo tiene también un lugar determinado en el plan total divino. De hecho, si la construcción formal del libro es rígida y jerárquica, también lo es la descripción que hace don Juan Manuel de la sociedad: cada estado tiene su alto o bajo lugar, y cada hombre debe conformarse con su estado. El libro es supuestamente el "microcosmos" que refleja el "macrocosmos", esto es, el mundo jerárquico medieval. Precisamente por esto habría querido don Juan Manuel que el *Libro de los estados* tuviera unidad, para que reflejara las supuestas unidad y armonía de esta jerarquía social que se decía ser copia de la jerarquía celestial.

Unidad en el *Libro de los estados*

El deber del hombre de respetar la voluntad divina de haberle colocado en un estado determinado, en el que muy bien puede salvarse si practica la religión cristiana, es el tema principal del *Libro de los estados*. La adaptación que hace don Juan Manuel de la leyenda de *Barlaam y Josafat* y la descripción que hace de la sociedad estamental están trabajadas para servir este tema, lo que otorga al libro una unidad en su concepción. Para comprobar esta unidad de la obra habrá que introducir una discusión del género en el que entran las partes del libro que se dedican a la enumeración de los distintos estados, género que se conoce sencillamente por el "de los estados". Dentro de esta discusión podemos considerar cómo se encaja la adaptación de la leyenda de *Barlaam y Josafat* al uso que hace don Juan Manuel del género.

Del *Libro de los estados* Luciana de Stéfano escribe que "es el único tratado de la Baja Edad Media destinado específicamente a estudiar la estructura estamental" ("La sociedad estamental en la obra de don Juan Manuel", 329). Añade que tal es el caso no solamente en España sino en toda Europa. Su afirmación niega la existencia de un vasto cuerpo de literatura, que es el género de los estados, que aparece y desaparece con el feudalismo en Europa y que se dedica precisamente a la enumeración de los distintos estados de la sociedad estamental. Los primeros exponentes del género que se conocen datan desde los inicios del siglo XII (Ruth Mohl, *The Three Estates in Medieval and Renaissance Literature*, Frederick Ungar Publishing Co., New York, 1933, 9-10).

Ahora bien, mientras que los exponentes del género abundan en distintas partes de Europa, especialmente en Francia, Inglaterra y Alemania, en España, es verdad, no hay ninguna otra obra, ni en prosa ni en verso, que se ocupe exclusivamente de la descripción de la sociedad estamental. Pero sí que hay autores del mismo siglo XIV que dedicaron partes y fragmentos de sus obras a los distintos estados, como son Eiximenes y Ramon Llull. En una obra en verso (cuaderna vía), escrita al iniciarse el siglo XIV, el *Libro de Alexandre*, tambien se encuentra una enumeración de los distintos estados de la sociedad estamental.[21] Y no debemos olvidar que el mismo Alfonso X el

---

[20]   Estos términos son de Otto Gierke (*Political Theories of the Middle Ages*, Cambridge University Press, 1958).

[21]   Estrofas 1653-1668, *Libro de Alexandre*, en *Poetas castellanos anteriores al siglo XV* (Tomás Antonio Sánchez, Biblioteca de autores españoles, Madrid, 1864), 147-224.

Sabio hace algunas referencias a la estructura social en la segunda de las *Partidas*. De todos estos exponentes parciales del género en España daré noticia más adelante. Lo que importa ahora es señalar las características comunes que aporta el género según las ha definido Ruth Mohl. Dentro de estas características comunes podremos ubicar las características que aporta el *Libro de los estados* como exponente del género.

Ruth Mohl afirma que son cuatro las características por las que se distingue una obra escrita dentro del género de los estados. No todas tienen que reunirse en una sola obra, pero por lo común al menos dos suelen estar presentes. La primera, la más obvia y la que es imprescindible, es la enumeración de los estados. Esta es completa según el conocimiento que tenga el autor de los distintos estados sociales. La teoría de la sociedad estamental como institución divina es la segunda característica. Esta no aparece en todos los exponentes del género. La tercera característica consiste en señalar los defectos de cada estado, muchas veces en tono satírico. La presentación de un remedio a los defectos de los distintos estados y a los males de la sociedad es la última, la cual tampoco aparece necesariamente en todas las muestras del género (*The Three Estates*, 6-7). Las cuatro características aparecen en el *Libro de los estados*, lo cual comprobamos a continuación.

A) *Primera característica: la enumeración de los estados*

El término de "estado" lo usa don Juan Manuel con relativa flexibilidad. La división tripartita de la sociedad dice que se compone de tres "estados": "al vno llaman defensores; et al otro, oradores; et al otro, labradores" (395). Por otro lado, también son "estados" el del emperador, el del papa, el del cocinero, etc. Huizinga nos explica que las categorías de "estado" y de "orden" no estaban bien definidas y se usaban para designar una serie de realidades sociales (*The Waning of the Middle Ages*, Edward Arnold Publishers, London, 1924, 47). Así vemos que don Juan Manuel no se preocupa por precisar exactamente el término de "estado" y lo usa igual en su división tripartita de la sociedad que para distinguir las distintas posiciones en esta división.[22]

---

[22] Resulta de provecho citar a de Stéfano con respecto al término de 'estado' y a la manera en que lo usa don Juan Manuel: "El término *estado* es lo castellano, y es más usual que *estamento* (del catalan *estament,* 'manera' o 'forma de estar', 'condición social'). En lo general también en las demás lenguas europeas: francés (*état*),

La división tripartita de la sociedad en los que defienden, los que oran y los que trabajan y proveen es un lugar común en el género de los estados, aunque no siempre expresada en los mismos términos.[23] Parece ser que del estado (de la división tripartita) al que pertenece el autor depende el orden en que aparecen en las obras. Siendo don Juan Manuel del estado de los defensores, éste es el que primero elabora. El estado de los labradores es el segundo que expone en la primera parte del libro, aunque aclara que éste "non es tan alto nin tan onrado commo el de los oradores." Seguramente el autor siguió esta ordenación, en primer lugar, porque no le interesaba desarrollar el de los labradores (como veremos más adelante), por lo cual este orden podía facilmente ser colocado en cualquier sitio, y, en segundo lugar, para tratar en una sola parte la categoría laica. En cambio, cuando el autor era un clérigo, solía empezar por la descripción de los distintos estados de los oradores, que en el *Libro de los estados* ocupan la segunda parte. Aunque la mayoría de los autores respetan y reproducen esta marcada división tripartita, algunos mezclan en su enumeración los distintos estados para mantener una ordenación jerárquica indistinta.[24] Al estado de papa puede seguir el estado de rey, y detrás de éste el estado de cardenal. Los autores que tienen cuidado de enumerar los distintos estados de acuerdo al estado general al que pertenecen, como lo hace claramente don Juan Manuel, son los que más se preocupan de hacer distinciones definidas entre los distintos grupos, de hacer una división rígida y sistemática de la sociedad.

La enumeración que hace don Juan Manuel obedece a una ordenación jerárquica que va desde el estado más alto al más bajo, tanto en su tratamiento del orden laico como del orden clerical. Los estados de emperador, rey y papa son los que más elaboración reciben, mientras que la atención concedida a los demás va disminuyendo en tanto que van ocupando un lugar

---

anglo-normando (*state, estate*), italiano (*stato*). En Cerdeña la forma *stamento* se debe a influencia aragonesa. En la lengua alemana penetran en el siglo XIV *Stand, Stat*. Todas estas formas derivan de la latina *status* (*stare*), y la unidad en la terminología indica la profunda identidad de pensamiento de la época. Los significados son siempre dos: a) situación general, circunstancia; b) uno de los grupos o rangos en el orden de la vida social. Don Juan Manuel utiliza la forma castellana 'estado' en las dos formas antedichas" ("La sociedad estamental en las obras de don Juan Manuel", 330-331).

[23] Algunas veces se usa el término 'clerigos' en vez de 'oradores', 'caballeros' en vez de 'defensores' y 'agricultores' para la tercera categoría. Ya en 1290 en Francia se está usando el término 'burgueses' para esta última categoría (Matholeus, *Les Lamentations*).

[24] Como ejemplo de una obra en que no se respeta la división tripartita Mohl menciona el *Vox Clamantis*, escrita por John Gower a finales del siglo XIV.

más bajo en la escala jerárquica; a cada estado se le otorga en el libro el mismo lugar jerárquico que ocupa en la sociedad estamental, tanto en el lugar de su mención como en su más larga o breve descripción.

De los cincuenta y cuatro capítulos de la primera parte que se dedican a describir los estados laicos en que viven los hombres, treinta y siete se ocupan del estado de emperador, que también sirven para el rey, según advierte don Juan Manuel, con la diferencia de que al emperador se le elige para su estado mientras que el rey hereda el suyo. Don Juan Manuel asimismo advierte que mucho de lo que se aplica al emperador y al rey también se aplica a la nobleza y a los miembros de la familia real. De hecho, mucho de lo que se expone en esta sección consiste en un manual práctico de conducta modélica, una serie de instrucciones de cómo conducirse en la guerra, cómo llevar la administración de la casa, impartir justicia y castigos, educar a los hijos, tratar a la esposa, pasar el día entre las obligaciones y los placeres (cazar, comer y beber), incluso qué hacer cuando uno no puede dormir por las noches, lo cual, como sabemos, era un problema que tenía el mismo don Juan Manuel.

A continuación de los estados de emperador y rey, Julio enumera y describe los estados de los "fijosdalgo", que entran dentro de la categoría de los defensores: príncipes, infantes no herederos, hijos de infante (el estado de don Juan Manuel), duques, marqueses, condes, viscondes, "ricosomnes" (aquí don Juan Manuel tiene mucho cuidado de distinguir este término del de "omne rrico", esto es, el que tiene mucha riqueza pero no necesariamente honra), infanzones, caballeros y escuderos. En este apartado de los "fijosdalgo" entra la interesante descripción del contrato feudal entre el señor y el vasallo y las obligaciones entre el señor y el natural, descripción que tendrá importancia para nosotros en la tercera sección.

La categoría de los defensores sigue con la enumeración de los que no son "fijosdalgo", como son los oficiales, "adables", "almocadenes", "ballesteros", "et otros omnes de cauallo et de pie". Proceden a continuación los estados que se adhieren a la categoría de los defensores por ser "offíciales de las tierras et de las casas de los sen(n)ores." Son de tres tipos estos cargos oficiales. En el primero entran los que por ser cargos de máximo honor se reparten entre los nobles defensores, como son los de adelantado (cargo que ocupa don Juan Manuel como Adelantado de la Frontera y del reino de Murcia), alcalde, aguazil, mayordomo y alférez. En el segundo están aquellos cargos menos honrados que se reparten entre los "omnes de criazon", hombres originalmente de la categoría de los labradores, pero criados desde una edad muy temprana en las casas de los grandes señores, y educados en su oficio. Estos son los cargo de canciller, físico, camarero y despensero. En el tercer grupo de oficiales, de rango inferior, están los "coperos", reposteros", "çevaderos", porteros, mensajeros, cocineros y, añade el autor, "muchos offiçiales mas menudos que paresçe mejor en los callar que en los poner en tal libro commo este" (409).

A la categoría de los labradores sólo se le concede dos párrafos breves. Estos hombres son los que trabajan en las villas y que se conocen por "menestrales", como son los tenderos, "carpenteros", "ferreros", "selleros", "pellegeros", maestros de "fazer torres et casas et muros", los zapateros, "freneros" y "texedores". Están también los labradores "que labran por si mismos", como son los "quinteros", "yunteros", pastores, "ortolanos", molineros, y "otros de menores estados". Dice nuestro autor que muchas de estas personas que ocupan estos estados "son [tan] menguados de entendimiento, que con torpedat podrían caer en grandes yerros non lo entendiendo, por ende son sus estados muy peligrosos para saluamiento de las almas" (410).

En la segunda parte del libro se sigue el mismo método que en la primera para enumerar los estados de la clerecía. El estado de papa encabeza todos los demás, ocupando siete capítulos. Los siguientes ocho capítulos hacen mención de los cardenales, patriarcas, arzobispos, obispos, deanes, "arçidianos", "maestrescuelas", tesoreros, "chantres" y capellanes, desde el más alto al más bajo.

Antes de aceptar que esta particular ordenación jerárquica hecha por don Juan Manuel de los estados es natural de acuerdo a la mentalidad medieval y que no tiene otra razón de ser que la de reflejar fielmente la estructura social, consideremos el *Libro de Alexandre* (1301) en el que se encuentra un fragmento breve dedicado a la enumeración de los distintos estados (estrofas 1653-1668). En este libro observamos, al contrario que en el *Libro de los estados*, que el autor anónimo enumera primero los labradores hasta llegar a los príncipes y reyes, concediéndoles igual atención, y luego del clérigo más bajo a los prelados.[25] El orden de los estados está al revés del que se presenta en la obra de don Juan Manuel. Claro que estas distintas enumeraciones dependen de la posición que ocupa el autor en la sociedad. El autor del *Libro de Alexandre* seguramente fue un clérigo a quien no le importaba hacer grandes distinciones de los distintos estados sino

---

[25] Puede encontrarse un análisis más extenso de la enumeración de los estados en el *Libro de Alexandre* en el estudio de Ian Michael: *The Treatment of Classical Material in the Libro de Alexandre* (University of Manchester Press, 1970), 163-167.

sólo apuntar a los pecados que cometen todos, especialmente el pecado de avaricia (estrofas 1654 y 1655). En este sentido tanta importancia tienen los labradores como los reyes. En el *Libro de los estados*, en cambio, la ordenación cuidadosa de los distintos estados de acuerdo al lugar que ocupa cada uno en la escala jerárquica es resultado de la extrema conciencia de don Juan Manuel de su alto lugar en la sociedad. Depende la una de la otra. Como señala Luciana de Stéfano, "la conciencia de estamento era mantenida por los grupos superiores"... "como una ley moral y como una faceta de su honra" ("La sociedad estamental en las obras de don Juan Manuel", 334). Para don Juan Manuel, en contraste con el autor anónimo del *Libro de Alexandre*, es natural y necesario hacer distinciones, destacar la desigualdad entre los estados sociales, señalar la superioridad de unos estados sobre otros, porque de todas estas diferencias dependen la definición y el mantenimiento de su propio estado.

La superioridad de unos estados sobre otros consiste principalmente en que cuanto más alto es el estado que ocupa el individuo más se asemeja éste a Dios. Para presentar esta postura don Juan Manuel primero parte del concepto de que "nuestro sennor Dios crio el omne a su ymagen et a su semejança" (292). Afirma a continuación que Dios es todo poder, saber y querer. Estas cualidades han de reunirse necesariamente en mayor proporción en el hombre más alto, siempre que pueda mantener su estado como debe. Así se van distribuyendo las cualidades entre los humanos de acuerdo al estado que ocupan. Para don Juan Manuel los labradores tienen poco poder, poca voluntad y son "torpes de entendimiento". En otras palabras, están lejos de la imagen de Dios y están más cerca de los animales. (Santo Tomás de Aquino pensaba lo mismo con respecto a las mujeres). De esta manera vemos que aunque se admita el postulado cristiano de la igualdad natural, ya que todos los hombres están hechos a imagen de Dios, dentro de esa imagen que aportan por igual todos los hombres hay grados, hay desigualdad: Dios administra su imagen en distintas proporciones.

El valor asignado a cada estado, por tanto, como ha señalado Huizinga, depende de su proximidad o lejanía del estado más alto, de su santidad y no precisamente de su utilidad (*The Waning of the Middle Ages*, 48). En el pensamiento revolucionario de Eiximenes (1340-1407), en cambio, cobra mayor importancia el ámbito económico. En su libro *Regiment de la Cosa Publica* este pensador catalán propone que los que no trabajan o producen deben de ser eliminados de la sociedad: "Quien para nada sirve debe ser expulsado de la comunidad como hombre cuya presencia no aporta a la sociedad bien alguno, limitándose a cargar y encarecer el bien común." Así en el esquema que dibuja de los distintos estados de la sociedad Eiximenes concede la primacía a los mercaderes: "Sin mercaderes decae la sociedad, los príncipes tiranizan, los jóvenes se pierden y los pobres lloran. Porque las grandes limosnas no son dadas por los caballeros ni por los ciudadanos, sino solamente por los comerciantes, que son grandes limosneros y grandes padres y hermanos de la república."[26] Los mercaderes, así, tienen más importancia en la sociedad que los nobles y clérigos. En el pensamiento del mayorquino Ramon Llull (m. 1315) también son los labradores los más importantes en la sociedad:

> En todo el mundo, Señor, no vemos que ninguna arte ni ningún oficio
> sea al hombre tan necesaria como el arte de los labradores; porque si
> no hubiera labradores, ningún hombre viviría. Y siendo labradores tan
> provechosos y necesarios para la vida del hombre, gran maravilla me
> causa como puede ser que los labradores sean los hombres mas en-
> vilecidos, los mas injuriados y menospreciados de todo el mundo.[27]

En el *Libro de los estados*, en cambio, no se percibe ninguna apreciación de los servicios que ofrecen los estados productores; al contrario, don Juan Manuel los despacha con desprecio. Según su esquema los estados no nobles que merecen algo de consideración son aquellos que están directamente asociados a las casas de los grandes señores a quienes sirven, y aquellos otros estados constituidos por los oficiales que cuidan de representarlos en sus propiedades. Igual que los distintos estados giran alrededor del papa y del emperador, los servicios giran alrededor de las figuras y centros de poder.

En suma, la enumeración que hace don Juan Manuel de los distintos estados de la sociedad estamental se caracteriza por su sistematización rígida. Sigue una clasificación jerárquica que se concentra principalmente en las dos cabezas de la sociedad, el emperador (o rey) y el papa, las dos "espadas de Dios", basándose en el criterio de la santidad. De acuerdo al lugar cercano o

---

[26] Estas citas de Eiximenes fueron sacadas de un estudio olvidado del que no dispongo ahora. Obviamente el autor del estudio las sacó de una edición reciente, puesto que el lenguaje está modernizado. El libro de Eiximenes que cita es el *Regiment de la cosa pública*. No he reparado en usar esta citas de fuente inmediata olvidada para contrastar este interesantísimo pensador medieval (segunda mitad del siglo XIV) con nuestro autor y, por tanto, mejor iluminar la ideología del hijo de infante.

[27] Cita sacada de Hillgarth (*Los reinos hispánicos: 1250-1516*, Grijalbo, Barcelona, 1979), 103.

lejano con respecto a estas posiciones don Juan Manuel coloca los demás estados.

B) *Característica II: la sociedad como institución divina*

La teoría de la sociedad como institución divina es la base en la que se asienta la descripción que hace don Juan Manuel de los estados. Estos son permanentes y sagrados porque han sido ordenados por Dios. Siendo así, el sistema estamental es, según don Juan Manuel, irreprochable. Las desviaciones y los malestares sociales no son culpa del sistema sino de los individuos que no se atienen a las obligaciones de su estado. La armonía se concibe como innata en el sistema, la desarmonía y el conflicto como productos del hombre. Esta es la "sentencia" que don Juan Manuel expone a través de una serie de "semejanças". Presento una.

Don Juan Manuel compara como usaron "el rey Dauid et los otros sanctos" los instrumentos musicales para "cantar con ellos loores a seruiçio de Dios" con la manera en que se usan en su tiempo: "Mas los que agora tannen los strumentos, cantan et fazen sones con ellos para mouer los talantes de las gentes a plazeres et delectes corporales, que tornen mas las gentes a pecar que a seruiçio de Dios" (289-290). Don Juan Manuel concluye la comparación con el comentario, "pues asi bien entendedes vos que la culpa non es de parte de los estrumentos nin de los primeros que los fizieron, mas es de parte de las gentes que vsan mal de ellos" (290). Si aplicamos esta "sentençia" al ámbito del sistema estamental, se concluye que la culpa por cualquier conflicto no es de parte de los estados ni de Dios, quien los ordenó, sino de los individuos que usan mal de sus estados. De hecho, esto mismo dice don Juan Manuel en otra ocasión con respecto al estado del papa: "Et pues el puede fazer mucho bien, si dexa de fazer el bien et faze lo contrario, la culpa non es del estado del papa nin del que ordeno el estado, mas es del papa, que non obra del commo deue" (466). Podemos deducir que lo mismo se aplica a todos los demás estados. De todo esto se concluye que el sistema estamental es irreprochable y que el individuo debe ajustarse al patrón de su estado particular sin quedarse corto ni rebasarlo. En este esquema el individuo tiene importancia sólo en la medida en que responde adecuadamente a esa idea de su estado (Ullman, *Individual and Society in the Middle Ages,* John Hopkins Press, Baltimore, 1966, 44).

En las páginas del libro se pone desde muy pronto un máximo énfasis en la advertencia de que no hay ninguna necesidad de cambiar uno su estado para poder salvar el alma, advertencia que se repite constantemente en la obra. Cuando en el capítulo 16 el infante Johas le comunica a su padre su deseo de aprender en qué mejor manera puede guardar su alma, agrega como para tranquilizar al rey: "Et non cuydedes que vos digo yo esto por que aya talante de dexar el mundo nin mudar el estado en que Dios me puso;... Ca çierto es que pues Dios touo por bien que vuiese enperadores et reys en la tierra, que non querria el [que] non oviese manera para poder guardar sus almas" (226). En la conversación que sigue entre Turin y el rey, el sabio le asegura igualmente: "Et tengo que non avedes por que vos reçelar, pues veedes que el [el infante] vos dize que non es su entençion de dexar el mundo nin mudar su estado. Ca el entiende muy bien que [en] el estado que Dios le puso puede saluar muy bien su alma" (230). Cuando el rey le encomienda a Julio la instrucción de su hijo, lo hace con esta condición: "Et vos ruego quel mostredes esto que el (el infante) querria saber, et sennalada mente quel dedes a entender que en ningun estado non puede mejor seruir a Dios nin mas saluar el alma que en estado de enperador et de rey, en que Dios le puso" (234). En efecto, esta es la tarea que emprende Julio, la de convencer al infante no sólo de que adopte la ley cristiana sino también de que debe guardar su estado, "pues Dios en este estado vos puso, et este es el mayor et mas onrado"; ello a pesar de que, como hemos observado, el infante no tiene ninguna intención de dejarlo. Si fuera lo contrario, que el infante pensara dejar su estado, y sólo como resultado de la exposición de Julio acabara por mantenerse en él, el *Libro de los estados*, tenemos que admitirlo, estaría dotado de mayor tensión, conflicto y polémica, ganando en valor novelesco. Pero para don Juan Manuel es importante dejar bien claro desde el principio, para que no quepa duda, la invalidez absoluta de mudar uno su estado, y descartar como absurda la posibilidad de lo contrario. Por otra parte, el infante ha de responder en todo a la imagen del príncipe ideal y modélico, cuyo ejemplo deben de seguir los que leen el libro. Un buen príncipe sólo puede ser aquél que no piensa abandonar su estado, y que obra siempre de la mejor manera de acuerdo a su estado, cumpliendo con su misión en el mundo temporal en que ha sido puesto.

El contraste entre esta postura del *Libro de los estados* y la que se encuentra en la fuente en la que se basa su planteo ficticio, la leyenda de *Barlaam y Josafat*, no puede ser mayor.[28] En la leyenda fuente, una versión

---

[28] Para un estudio más profundo y completo de la leyenda de *Barlaam y Josafat*, sus distintas versiones y etapas de desarrollo, y su relación con el *Libro de los*

cristiana de la leyenda de Budá que tuvo inmensa popularidad en la Edad Media, la postura ideal que se propone para el hombre es el ascetismo, la renuncia de los bienes temporales y a las vanidades del mundo. Esta leyenda la resumimos a continuación.[29]

En India vive un rey pagano de nombre Abenner, cuyo mayor deseo es el de tener un hijo a quien consagrar su reino y sus riquezas. Entretanto, el rey Abenner inicia la persecución del cristianismo, que en su tierra está ganando muchos prosélitos. Entre estos está un ministro suyo, amigo íntimo también, quien abraza la nueva fe, renuncia a su cargo y adopta la vida de un eremita en el desierto. Cuando el rey se entera, ordena que vayan en busca de su amigo y lo traigan a su presencia. Llevado ante el rey, el converso hace ante él una apasionada defensa de la religión cristiana y condena las vanidades del mundo, por lo que el rey, furioso, lo manda desterrar.

El gran deseo de Abenner por fin se cumple. Le nace un hijo a quien pone el nombre Josafat. Unos astrólogos que están presentes en las festividades de su nacimiento le pronostican un futuro de grandeza, poder y sabiduría. Pero uno de ellos, el más sabio, presagia que el poder de Josafat no será de este mundo, cuyas pompas terminará por rechazar. Para evitar la realización de este pronóstico el rey Abenner manda construir un palacio para su hijo, donde viva apartado, rodeado sólo de bellezas y placeres y protegido del sufrimiento y del conocimiento de la muerte. En esta reclusión amena crece el infante hasta hacerse grande. Pero llega el día en que, harto de su reclusión, ruega insistentemente a su padre le deje pasearse por los contornos del palacio. El rey, no sin pesar, por fin accede. En esta primera salida al mundo Josafat se encuentra en el camino, uno tras otro, con un ciego, un leproso, un viejo y un cadáver. El príncipe se aflige por lo que ve y hace preguntas en la calle. Aprende que la miseria y toda clase de infortunios son la suerte común de los hombres. Descubre asimismo que los únicos que poseen el secreto conocimiento para superar estos sufrimientos son los eremitas. El príncipe quiere encontrarse con algunos de ellos para que le pasen su sabiduría; pero por voluntad de su padre han sido todos expulsados del reino.

Llega poco después a la corte un asceta venerado por sabio y puro,

---

estados, véase Menéndez y Pelayo (*Orígenes de la novela*, t. I, lxxxii-xci).

[29] Para este resumen de la leyenda me he valido de una excelente descripción de ella —la mejor que he encontrado— en la *Encyclopaedia of Budhism* (Government of Ceylon, 1966) v. 2, 556-558. Pueden encontrar otra descripción en *Encyclopedia of Religion and Ethics* (Charles Scribner's Sons, New York), v.7, 567-569; y todavía otra en *New Catholic Encyclopedia* (McGraw Hill Book Co.), v.2, 100.

disfrazado de comerciante de joyas. Éste es Barlaam. En una serie de encuentros secretos con el príncipe Josafat le explica en forma de parábolas la vanidad y futilidad de las cosas mundanas y la naturaleza de la verdad, que sólo se encuentra en la doctrina cristiana. El príncipe queda convencido y decide ser discípulo de Barlaam. El rey Abenner se entera de la conversión de su hijo y trata de disuadirle con toda suerte de amenazas, argumentos y tentaciones sensuales, que fracasan todos. Josafat finalmente abandona la corte y su futuro como rey, y con Barlaam se aparta en el desierto para llevar la vida de eremita.

La leyenda de *Barlaam y Josafat*, que acabamos de resumir, encerraba, como vemos, un conflicto y desarrollaba una polémica de que carece el planteo ficticio del *Libro de los estados*, donde no hay persecución de la religión cristiana ni oposición del rey a la conversión de su hijo al cristianismo.[30] Más importante es el hecho de que don Juan Manuel se ha servido de la leyenda para alterar y voltear completamente el modelo: el príncipe Josafat, que renunciaba a su poder y se convertía en asceta, es sustituido por el infante Johas, quien no tiene ningunas intenciones de dejar su estado. Para don Juan Manuel es de más valor salvar la propia alma guardando uno su estado (como él pretende hacer) que abandonándolo, solución que considera demasiado fácil y no necesariamente más meritoria a los ojos de Dios.[31]

Hay quienes han sugerido que esta postura de don Juan Manuel pudo haber sido una respuesta al caso del infante don Jaime de Aragón, hijo primogénito de Jaime II, quien en 1299 abandonó su futuro como rey para adoptar el hábito de hospitalario.[32] Otra figura principal que durante la vida de don Juan Manuel abandonó su estado fue Celestino V, quien en 1294 renunció al papado y se retiró a vivir como ermitaño, después de sólo seis meses de haber sido electo. A este suceso se refiere don Juan Manuel, sin nombres y con desfavor, en el *Libro de los estados*: "Et commo quier que ya fue de fecho que algun papa renunçio al papadgo, tienen algunos que se [non] puede fazer, ca pues el es el mayor et non a otro mayor que a si, non deue aver poder de renunçiar el su poder" (468). Si estos casos fueron

---

[30] Tate y Macpherson señalan más diferencias entre la leyenda fuente y la versión de don Juan Manuel (*Libro de los estados*, xlvii-lix).

[31] Esta opinión de don Juan Manuel está muy bien ejemplificada en el ejemplo III en el *Conde Lucanor*: "Del salto que fizo el rey Richarte de Inglaterra en la mar contra los moros."

[32] Véase la obra de Tracy Sturcken (*Don Juan Manuel*, 45) para más información sobre este suceso.

motivo de que don Juan Manuel presentara su opinión al respecto —y tan puesta de relieve como para constituir el tema principal del *Libro de los estados*— sólo lo fueron en la medida en que su ocurrencia planteaba el peligro de que esa "solución" cristiana fuera asumida como modelo de conducta; y si cada cristiano buscase individualmente la salvación de su alma, ello significaría el derrumbamiento de la estructura de la sociedad estamental, en cuya bondad intrínseca creía don Juan Manuel.

Los segmentos de la población que no estaban bajo el control directo del poder oficial, ya sea el de la iglesia o el de la monarquía feudal, como son precisamente los eremitas, ascetas y todo tipo de sectas e individuos que vivían en los márgenes de la estructura social, sólo representaban una amenaza al orden establecido del sistema por su carácter independiente y popular. Significaban el desorden, la inestabilidad y el debilitamiento del poder centralizado en las dos "espadas" constituidas por la iglesia y la monarquía. La orden dominica se estableció por mandato explícito de Inocencio III (1206) justamente para guiar a estos grupos de pobreza apostólica que amenazaban guiarse por sí mismos. Esto hicieron los dominicos introduciéndose en sus números y, muchas veces, imitando su vestido y comportamiento —los sermones populares y el roce estrecho con la gente en las plazas públicas (Ullman, *Government and Politics in the Middle Ages*, Barnes and Noble, New York, 1961, 225). A esta luz podemos comprender mejor la transformación más profunda de la leyenda de *Barlaam y Josafat* realizada por don Juan Manuel. Usando el mismo vehículo que anteriormente había servido no solamente como apología del cristianismo sino también del ascetismo y la pobreza apostólica, nuestro autor defiende los postulados ortodoxos y oficiales del pensamiento cristiano: por un lado, la sanción del poder y la riqueza, por permitir mayor facilidad de hacer buenas obras, y por otro lado, el origen divino de la sociedad jerárquica, por lo que el hombre debe conformarse con su estado.

Una obra escrita a finales del siglo anterior, *Blanquerna* (1283) de Ramon Llull, contrasta no menos llamativamente que las formas más antiguas de la leyenda de *Barlaam y Josafat* con la postura que propone el *Libro de los estados*. Con respecto a estas dos obras escribe Menéndez y Pelayo:

> El *Libro de los estados* tiene notoria semejanza con el *Blanquerna* en cuanto ofrece una revista completa de la sociedad del siglo XIV en todas sus clases, condiciones y jerarquías, así de clérigos como de laicos. Pero en don Juan Manuel esta revista es puramente expositiva,

al paso que en el filósofo mallorquín está toda en acción y es el fondo mismo de la novela (*Orígenes de la novela*, v.I, lxxxiii)

Efectivamente, *Blanquerna* ofrece una descripción de la sociedad medieval, pero no sigue una ordenación sistemática y jerárquica en la que se respetan los estados más altos como los más perfectos y donde la voluntad del individuo no cuenta. Todo lo contrario, *Blanquerna* es el relato de la búsqueda ferviente y persistente que emprende un individuo, Blanquerna, de un estado perfecto que, y esto es importante, no queda asentado de antemano como en el *Libro de los estados*. En su búsqueda, y de acuerdo a su propia voluntad, Blanquerna va adoptando y abandonando un estado tras otro, sin ningún orden particular, pasando del matrimonio a prelado, hasta llegar a ser papa, para por fin renunciar al mundo y hacerse asceta, estado que descubre ser el más perfecto. En este sentido, el desarrollo de una activa búsqueda individual de la felicidad o de la salvación del alma que termina en la renuncia del mundo para llevar una vida contemplativa, coinciden la leyenda de *Barlaam y Josafat* y *Blanquerna*. Y en este sentido también contrastan ambas con el *Libro de los estados*, en el que se considera al hombre atado a su estado, estado dentro del cual ha de buscar su salvación, su felicidad o su mala suerte. En *Barlaam y Josafat* y en *Blanquerna* operan la aventura personal, la movilidad y las alternativas; en el *Libro de los estados* imperan la rígida jerarquía social, la inmovilidad y el deber cara al estado en que se ha nacido por voluntad divina.

En suma, para que la leyenda de *Barlaam y Josafat* encajara en la doctrina que plantea el *Libro de los estados*, don Juan Manuel la transformó profundamente. En su adaptación de la leyenda el infante Johas se atiene a su deber de mantenerse en su estado. La salvación de su alma ha de buscarla dentro de los precintos de su posición social, tomando como mira el cumplimiento de sus obligaciones temporales según una conducta cristiana. Esta postura se integra perfectamente con la descripción estática y rígida de la sociedad jerárquica que encontramos en el *Libro de los estados*. Por tanto, la combinación de la leyenda, así adaptada, con el género de los estados, lejos de ser motivo de una falta de unidad, resulta en una perfecta complementación. Ambas tradiciones, tal como se manifiestan en la obra, son dos maneras distintas de decir la misma cosa: el tema principal del libro que ya conocemos de sobra.

Una vez comprobada la unidad del *Libro de los estados*, nos queda por observar en él las dos últimas características del género de los estados que nombra Ruth Mohl. Mostrar su existencia resulta necesario para que no pueda caber duda de que, efectivamente, el *Libro de los estados* es un exponente cabal del género.

C) *Característica III: los defectos de los distintos estados*

Esta característica del género, el apuntar a los defectos de los distintos estados, aparece en el *Libro de los estados* dentro de la preocupación por cuáles son los peligros que cada estado ofrece para la salvación del alma. El emperador y el rey pueden abusar de su poder y de su riqueza y dejar así de dar buen ejemplo. El infante no heredero y el hijo de infante tienen la obligación de mantener su estado y su honra a la manera del rey, pero no tienen tanto "poder et aver" como éste, por lo que son estados muy peligrosos para la salvación del alma. (La importancia de esta afirmación de don Juan Manuel con respecto a su propio estado será tratada por extenso en la siguiente sección). El canciller puede pecar robando. El físico puede "demandar a los enfermos tan grant quantia por los guaresçer, que les sera mayor danno que la dolençia que ovieren" (405). El camarero puede ser "cobdiçioso y maliçioso". El despensero "puede fazer enganno en las mercas et en las conpras, poniendo que lo mercan et lo conpran por mayor preçio de lo que es verdat; et tomando de la vianda del sennor mas de la su raçion" (408). Los coperos, cocineros, porteros y mensajeros pueden pecar por "cobdiçia et por mala entençion". Los labradores pueden pecar muy facilmente porque "muchos son menguados de entendimiento, que con torpedat podrian caer en grandes yerros non lo entendiendo." El papa puede pecar distribuyendo mal los cinco tesoros de la iglesia; el cardenal dando malos consejos al papa; y así sucesivamente don Juan Manuel va nombrando los peligros de cada estado, en algunos casos limitándose a mencionar que pueden errar sin aclarar en qué, especialmente en cuanto a los oradores.

En realidad, según vemos, esta tarea de observar los defectos de los distintos estados no cobra gran dimensión en el *Libro de los estados*, mientras que en muchos otros exponentes contemporáneos del género en las distintas partes de Europa esta tarea constituye el afán principal.[33] El género en sí se presta a una crítica acerbada y pesimista; las primeras manifestaciones del género aparecieron como "lamentos" de los tiempos corruptos y malos (Mohl, *The Three Estates*, 20). Nadie, ningún estado, del más alto al

---

[33] Mohl propone *The Simonis* de Wycliff como ejemplo de una obra en que aparece una sátira mordaz.

más bajo, se libra de su parte de culpabilidad. En el muy particular exponente español, el *Libro de Alexandre*, el autor culpa a todos por igual de codicia (estrofas 1653-1654). En cambio, a nuestro autor no le interesa tanto destacar los defectos de los distintos estados como los deberes. *El Libro de las estados* es una obra didáctica que plantea una conducta modélica para el hombre. A don Juan Manuel no le interesa hacer una crítica de la sociedad sino, como ya sabemos, justificarla. La sociedad no aparece en sus manifestaciones concretas, sus conflictos, su condición. La sociedad que encontramos en el *Libro de los estados* es la sociedad ideal que concibieron los pensadores ortodoxos cristianos, en cuyo número hay que contar obviamente a don Juan Manuel.

D)   *Cuarta característica: el remedio*

De los varios tipos de remedios a los males sociales y a los defectos de los distintos estados que se encuentran en el género, escribe Ruth Mohl:

> Sometimes the remedy is a religious one: an appeal to each class to perform its God-appointed duty. Sometimes it is a bit of medieval politics: the reminder that the organization of society is based on love and that each class must love and serve the others. Sometimes the remedies have a more modern tone: resort to law or to some new form of government may be the only way to secure obedience on the part of all estates (*The Three Estates*, 7).

El remedio que se encuentra en el *Libro de los estados* es claramente el primero: el deber del hombre de cumplir con las obligaciones de su estado. Quien tiene la mayor responsabilidad de cumplir con sus obligaciones es el rey, porque de él depende el bien de toda la sociedad: "Otrosi, que el mayor pro que puede auer en la tierra es aver buen sennor; ca [por] muchos buenos que en la tierra [sean], si buen sennor non obieren nunca sera la tierra bien guardada nin ordenada commo deue" (288). La condición principal para que venga bien a su reino es que el rey guarde a Dios "de voluntad et de dicho et de obra", porque Dios le ayudará a guardar su reino. Don Juan Manuel presenta esta condición con un ejemplo histórico interesante, citándose a sí mismo por boca de Julio:

> Et otrosi, oy dezir a este don Iohan quel dixiera[n] que vn cauallero de

Castiella, que fuera a Françia en el tienpo de sant Loys, et quando vio atan grant tierra et tan poblada, marabillose mucho commo podia vn omne mantener en justiçia a tanta gente; et pregunto a vn muy buen cauallero de Françia, que avia nonbre xire Alac de Balap, commo podia el rey guardar todas aquellas cosas, et xire Alac respondio asi: "Amigo, non vos marabilledes desto, ca el rey sabe guardar a Dios et a los sus fechos, et Dios guarda a el et a los suyos" (314).

La buena administración de la justicia es otro remedio a los males de la sociedad. El que lo administra es quien manda y gobierna. La buena administración de la justicia consiste en apreciar y premiar a cada hombre según su estado, mirando a que cada cual tenga a su disposición los bienes materiales y los privilegios que le pertenecen. Pero hay varios pasajes en el *Libro de los estados* en que la justicia toma un carácter severo y cruel. Según don Juan Manuel el rey no debe evitar ser bravo y firme cuando es necesario; debe mostrar "mal talante de dicho et de obra a los tortiçieros que non quieren beuir en paz et en asesiego, sinon con bolliçio et con rebuelta, castigando los crua mente et braua" (331). En otra ocasión nos presenta don Juan Manuel lo que es obviamente su definición de la justicia: "Sennor infante, para seer el sennor amado et reçelado de los suyos, conuiene que faga bien por bien et mal por mal" (362). Y en esta última ocasión que cito don Juan Manuel aconseja cortar la mano de quien empezó una pelea y enterrar al asesino debajo del hombre que asesinó: "Et digo vos que me dixo don Iohan, aquel mio amigo, que si aquel por cuya culpa se leuanto la pelea fallaua que firiera alguno, quel fazie luego cortar la mano; et sil mataua, quel metia luego el viuo so el muerto" (363).

Así reúne el *Libro de los estados* las cuatro características por las que se distingue el género de los estados: la enumeración extensa, los postulados de la sociedad como institución divina y el deber del hombre de mantenerse en su estado, la mención de los defectos de los distintos estados y el remedio para los males sociales. Todas estas características funcionan en la obra para defender la postura más ortodoxa y oficial del pensamiento cristiano de la Baja Edad Media.

La función política del Libro de los estados

La descripción que hace don Juan Manuel de la sociedad constituye ya de por sí una posición política que justifica el sistema establecido, en oposición a otras visiones del mundo que estaban gestándose en la Baja Edad Media, como la visión apostólica. Don Juan Manuel es portavoz de la visión del mundo a la que, como apología de su poder, se aferran las clases más altas de la sociedad. Pero es también a otro nivel donde el *Libro de los estados* manifiesta su carácter político. El libro es un vehículo concreto del que se sirve el autor con la finalidad práctica de asegurar sus intereses personales, de acuerdo a las circunstancias específicas en las que lo escribió. Son sus tratos personales con otros nobles, incluso con el monarca castellano, y su propia honra lo que tramita don Juan Manuel en el libro. A continuación presento este aspecto de la obra desarrollando cuatro temas: A) la relación entre el autor y su cuñado, don Juan, el Arzobispo de Toledo, a quien dedica el libro; B) las circunstancias en que don Juan Manuel escribió el libro; C) la posibilidad de que los capítulos dedicados a los estados de emperador y rey sean exponente del género "espejo de príncipes" D) finalmente, la manera en que don Juan Manuel maneja su estado, el de hijo de infante, en comparación con los demás estados.

A) *Don Juan, el Arzobispo de Toledo*

En ambos prólogos don Juan Manuel se dirige a su cuñado, don Juan, el Arzobispo de Toledo, a quien dedica el libro.[34] Esta dedicación consiste en un acto histórico concreto, la entrega del libro, la cual significa un contrato de alianza y una muestra de reconciliación, pues no siempre había tenido nuestro autor tratos cordiales con su cuñado, hijo de Jaime II de Aragón.

Mientras todavía se estaban montando las disputas en torno a la tutoría de Alfonso XI durante la minoridad, el hijo de Jaime II fue nombrado en 1320, a la edad de 20 años, Arzobispo de Toledo, cargo que conllevaba el de Canciller, secretario y portador del sello del reino. Don Juan Manuel pensó que con este nombramiento de su cuñado, el hermano de su mujer doña Constanza de Aragón, tendría posibilidades incrementadas de conseguir el puesto anhelado, el de tutor del joven rey, lo cual significaba también ser regente del reino. Teniendo dificultades en que se le reconociese como tal en algunas partes del reino, el hijo de infante no tardó en dirigirse a

---

[34] Sobre la relación entre el Arzobispo y el hijo de infante ha escrito R.B. Tate un artículo: "The Infante Don Juan of Aragón and Don Juan Manuel" (*Don Juan Manuel Studies*, 169-179).

45

su cuñado con la petición de que se le reconociese oficialmente como regente. El Arzopbispo de Toledo, presionado por el papa Juan XXII que se oponía a esta medida, rechazó la petición de don Juan Manuel, lo cual motivó en éste la extrema cólera que le llevó a asesinar cruelmente en 1321 a don Diego García.[35] Este hombre influyente y poderoso había sido el que había arreglado en mayor parte el nombramiento como Arzobispo del hijo de Jaime II. A consecuencia de haber tomado don Juan Manuel esta medida, la relación entre los cuñados se hizo extremadamente tensa. En 1324 tuvieron otra confrontación violenta. El Arzobispo de Toledo acusó a don Juan Manuel de haber impuesto tarifas extremas en la ciudad de Toledo, imponiendo su autoridad de regente. Y todavía otra confrontación tuvo lugar en 1325. Don Juan Manuel convocó a su cuñado ante el rey, ya mayor de edad y en aquellos momentos casado con la hija del magnate, y le acusó de haber faltado al respeto tanto al trono como a su propia persona.[36]

Seguramente por el deterioro de la salud de Constanza de Aragón y por las intervenciones del monarca aragonés, llegaron los cuñados a una reconciliación antes de 1326, año en que don Juan Manuel dedica al hermano de su mujer el *Libro del cauallero et del escudero*. En las fechas entre 1327 y 1330 en que nuestro autor escribió el *Libro de los estados*, como se verá más adelante al hablar de las circunstancias en que emprendió esta tarea, don Juan Manuel no podía permitirse perder amigos. Por esta razón, quizás, buscó asegurar y fortalecer una relación cordial con su influyente cuñado con esta muestra de amistad y respeto que significa la dedicación y encomendación de su libro.

B) *Don Juan Manuel deshonrado*

La función política del *Libro de los estados* se percibe a otro nivel: don Juan Manuel busca a través del libro cobrar su honra en un momento de su vida en que se hallaba deshonrado.

Cuando el rey Alfonso XI llegó a la mayoría de edad en 1325, se rodeó de nuevos consejeros, adversos a don Juan Manuel y a don Juan el Tuerto, los ex-regentes del joven rey. Por su parte, estos dos nobles poderosos se

---

[35] Un ensayo que describe este acontecimiento: "The Assassination of Diego García by Don Juan Manuel" de Tracy Sturcken (*Kentucky Romance Quarterly*, XX, 1973, 429-449).

[36] Esta confrontación es descrita por Tate y Macpherson (*Libro de los estados*, xxxvi) y Sturcken (*Don Juan Manuel*, 35).

prometieron apoyarse mutuamente, y para solidificar su alianza nuestro autor le ofreció a su coaligado la mano de su hija, doña Constanza Manuel. Para romper esta alianza el joven rey, a instancias de sus consejeros, pidió a su vez en matrimonio la misma doña Constanza, y don Juan Manuel, deslumbrado ante la inmensa ventaja que acarrearía esta alianza regia, no vio el engaño y accedió. Hubo juramentos y firmas; don Juan Manuel recibió de rehenes el alcázar de Cuenca y los castillos de Huete y Lorca, y doña Constanza fue llevada al castillo del rey en Toro. No podía imaginarse el padre que su hija marchaba no hacia su boda sino hacia su prisión. Estando don Juan Manuel en la frontera como Adelantado en guerra con los moros, le llegaron noticias de que Alfonso XI había matado en una entrevista traicionera a su aliado don Juan el Tuerto y que estaba concertando su matrimonio con una infanta portuguesa. Por estas sobradas razones se vio obligado don Juan Manuel a entrar en guerra con el monarca a fin de rocobrar a su hija repudiada y su honra. Esta guerra la emprende en el mismo año en que empieza a escribir el *Libro de los estados*.

La muy estrecha e inseparable relación entre ambas actividades, bélica y literaria, es establecida en el mismo libro. La primera vez que don Juan Manuel se nombra a sí mismo por boca de Julio, que es cuando éste se presenta ante el rey Morabán, se hace referencia a esta actividad guerrera:

> Et despues torne a el [a don Juan Manuel] algunas vezes et sienpre le falle en grandes guerras, a vezes con el rey de Aragon, et a vezes con el rey de Granada, et a vezes con amos. *Et agora. quando de alla parti, estaua en muy grant guerra con el rey de Castiella, que solia ser su sennor* (233).

La segunda y última vez que don Juan Manuel menciona esta guerra es para referirse a la tregua que en 1329 se había establecido entre él y el rey. Lo que le importa destacar aquí es que de esta guerra salió como el hombre más honrado de España:

> Et digo vos que me dixo don Iohan, aquel mio amigo, que aviendo el guerra muy afincada con el rey de Castiella, por muchos tuertos et desonras quel avia fecho, non se guardando del et aviendo el rey de su ayuda a los reys de Aragon et de Portogal, ca era el casado con su hermana, et non aviendo don Iohan otra ayuda, sinon a si et a sus vasallos, et avn destos seruiendol et andandol muchos muy floxa mente, por quel fazian muchos afincamientos muy sin razon; et quan-

do don Iohan se quexaua desto, dezian le los quel avian de consejar que pues el tenie a grant peoria et le fazian tantos afincamientos los suyos, que fiziese alguna pleytisia por que salliese de aquella guerra. Et don Iohan dizia que fasta que oviese emienda del mal que reçibiera et fincase con onra, que lo non faria. Ca lo quel pasaua con los suyos o que perdia o quanto mal le benia, que todo era danno o perdida, mas non desonra. Et que ante queria sofrir todo lo al que la desonra. Et que el se tenia por vno de los que eran para ser muertos, mas non desonrados. Et lo vno, por quanto fizo por guardar su onra, et lo al, por que se touo Dios con el, en quien el avia toda su sperança quel defendria por el derecho que tenia, guisolo asi, que ovo paz con el rey, la mas onrada que nunca se falla por ninguna fazanna que la oviese omne en Espanna (333).

Esta tregua, arreglada por el Obispo de Oviedo, porque a Alfonso X1 le urgía entrar en guerra con Granada, no basta para que don Juan Manuel se sienta hombre honrado. Ha conseguido sólo que el rey le devuelva a su hija y el cargo de Adelantado de Murcia (inferior al de Adelantado de la Frontera); pero posee una pluma con que presentar esta tregua a la mejor luz posible desde su punto de vista. La escritura sirve como sello de la práctica, también como medio efectivo de comunicar su honra recuperada en el caso de que sus contemporáneos no compartieran la misma opinión. De la misma manera que el clérigo defiende la religión cristiana con armas y palabras, don Juan Manuel defiende su honra y su imagen tanto en la guerra como en el *Libro de los estados*. El autor se presenta como ejemplo de conducta modélica. Su experiencia, la práctica, se convierte en norma ideal de la que todos los hombres deben de tomar ejemplo: "Et asi los enperadores et avn todos los grandes sennores, la cosa del mundo por que mas deue[n] fazer es por guardar su onra" (333). De esta misma manera funcionan todas las referencias autobiográficas: están trabajadas de modo que, como práctica, se convierten en un dato teórico más; don Juan Manuel construye un ideal de hombre cuyo modelo es él mismo.

Las referencias autobiográficas tocan diversos aspectos y circunstancias de la vida del autor, y todas hacen hincapié en su ejemplaridad. Cuando en la obra se discute cómo deben ser criados los niños que todavía no andan ni hablan, don Juan Manuel aconseja que una ama "de la mejor sangre et mas alta et mas linda que pudieren aver" es la que debe de criar al niño, porque "non ay ninguna cosa de que los omnes tanto tomen nin a qui tanto salgan nin a qui tanto semejen en sus voluntades et en sus obras como a las amas cuya leche mamaran" (322). A don Juan Manuel no le dio de mamar una ama sino su madre, por lo que es más ejemplar: "Et digo vos que me dixo don Iohan, aquel mio amigo de qui yo vos fable, quel dixiera la condesa su madre que por que ella non avia otro fijo sinon a el, et por que lo amaua mucho, que por vn grant tienpo non consintiera que mamase otra leche sinon la suya misma" (323). Más adelante, discutiendo cómo deben de ser criados los niños ya que han aprendido a andar y a hablar, don Juan Manuel describe la manera en que él mismo fue criado, siguiendo una disciplina rigurosa en que las horas del día se reparten estudiando, cabalgando, cazando, oyendo misa, etc. "Et digo vos que me dixo don Iohan, aquel mio amigo, que en esta guisa [le] criara su madre en quanto fue viua; et despues que ella fino, que asi lo fizieron los que lo criaron" (326). Su ejemplaridad radica, por otra parte, en tener un abuelo santo, el rey Fernando III: "Ca si quiere el sancto et el vien aventurado rey don Ferrando, abuelo de don Iohan, aquel mio amigo, çierto es que en su vida fue sancto et fizo muchos miraglos" (349).

Don Juan Manuel afirma que es preciso cumplir con el linaje alto con buenas obras: "Et çierto cred que en mal punto fue nasçido el omne que quiso ualer mas por las obras de su linage que por las suyas" (374). Se presenta el autor, por tanto, como experto en la práctica de guerra con los moros (351), en la caza (366) y en la justicia (363); se presenta como sabio (319-320), consejero (307-308) y escritor (317, 320, 389), funciones que materializa la misma obra. Y, por fin, afirma ser representante modélico de su estado, el de hijo de infante (373-374). Don Juan Manuel es la encarnación de lo que un noble "debe" y "sabe" ser.

De todo esto se concluye que, según el tiempo en que don Juan Manuel escribió el libro, "doloroso et triste" como nos dice en el prólogo, el que emprendiera el magnate esta tarea no significó un refugio, como sugiere Giménez Soler, ni "un lenitivo a su pesar" o "descargo de su conciencia", sino una respuesta y confrontación directas a estos tristes tiempos, un combate en el que buscó salvaguardar su orgullo de noble y su buena fama. Con esta finalidad práctica nuestro autor se presenta en el *Libro de los estados* con sus mejores credenciales; el libro es la representación de su persona o, mejor dicho, de la imagen que como hijo de infante se ve obligado a mantener.

Podemos comprender esta autorepresentación favorable que trabaja don Juan Manuel no sólo como respuesta a las circunstancias específicas en que escribió el libro, sino también como resultado de una natural e inherente tensión en su visión del mundo y en su estado en particular. Su visión del mundo funciona a base de representaciones e imágenes. La jerarquía terrena es imagen de la jerarquía celestial; el rey es imagen de Dios ("imago Dei") en la tierra; el infante y el hijo de infante representan al rey y tienen la obligación de mantener sus estados como lo hace el monarca. A este respecto escribe don Juan Manuel:

> Otrosi les enpeçe mucho por que ellos tienen que han de mantener el estado et la onrra de los infantes, sus padres, et los infantes mantienense commo los reys, sus padres. Et asi torna el pleto que los fijos de los infantes tienen que an de mantener estado de reyes, et a conparacion de lo que los reyes an, es muy poco lo que an ellos et non pueden conplir lo que les era mester" (374-375).

Esta es la tensión que trata de solucionar nuestro autor en su obra; su autorepresentación responde a ella. Don Juan Manuel está obligado a mantener su estado como rey y tomar ejemplo del rey. En el *Libro de los estados* don Juan Manuel soluciona esta tensión invirtiendo los papeles: son el rey y todos los demás hombres quienes deben de tomar ejemplo de él.

C) *Espejo de Príncipes*

Los treinta y seis capítulos que en el *Libro de los estados* se dedican a los estados de emperador y de rey son en muchos sentidos el núcleo principal de la obra. Éstos podrían ser considerados, dentro de la estructura total del libro, un espejo de príncipes, género que indudablemente reproduce la función del tutor que aconseja al príncipe o al rey.

Que esta sección constituyese el núcleo original del *Libro de los estados* podría muy bien ser visto en el hecho de que la obra tiene dos títulos, el que ya conocemos y otro. Escribe don Juan Manuel: "et a nonbre el *Libro del infante* o el *Libro de los estados*" (207). R.B. Tate postula que el primer título se refiere a la etapa original de la obra, "an embryo treatise on the duties of the prince into which were subsequently injected materials dealing with the descending hierarchy of society", por lo cual añadió el segundo título para mejor corresponder a la obra en su estado final (*Libro de los estados*, xlvi).

Un espejo de príncipes se reconoce fácilmente en su objetivo de instruir al príncipe o al rey en la naturaleza de su oficio, con sus correspondientes responsabilidades y privilegios, y en la manera en que debe conducir su vida. Podemos distinguir en los capítulos 47 al 83 estos mismos objetivos. Es cierto que estos capítulos bien podrían significar sólo la primera categoría en la enumeración de los distintos estados y, por tanto, no tener nada que ver con el género espejo de príncipes. Pero por la importancia que se le da a este estado, la manera en que se maneja y el extenso lugar que ocupa, en contraste con la breve descripción que se otorga a los demás, tiene definitivamente una cierta autonomía. Asimismo, el hecho de que don Juan Manuel haga su división de la sociedad en defensores, oradores y labradores sólo después de haber descrito el estado de emperador y rey representa una ruptura que divide la enumeración de los estados en estas dos partes señaladas.

Otra razón que justifica considerar estos capítulos como un espejo de príncipes es el hecho de que estos tratados son una tradición establecida en la monarquía castellana de la Edad Media, desde los tiempos de Fernando III el Santo. Este monarca comisionó en 1237 que se escribiera para la instrucción de sus hijos, especialmente Alfonso X, el *Libro de los Doze Sabios*, conocido tambien por el *Tractado de la Nobleza y Lealtad*, obra que recoge consejos y dichos para la utilidad personal de los infantes. La segunda de las *Partidas* de Alfonso X también se concentra en la figura del rey. En una enumeración de leyes se fija la naturaleza del estado, sus responsabilidades y privilegios. Esta segunda de las *Partidas* fue influida en parte por la obra anónima muy difundida en la Edad Media, *De Eruditione Principum*, desde luego, como indica el título, un espejo de príncipes. Y finalmente, el hijo de Alfonso X, Sancho IV, escribió en 1292 su libro *Castigos y Documentos* para su primogénito, el futuro rey, Fernando IV, cuyo modelo principal fue el *De Regimine Principum* que escribió Santo Tomás de Aquino para el rey de Chipre. Este tratado de Sancho IV entrega advertencias y consejos ("castigos") a su hijo sobre cómo ha de conducirse en la vida y desempeñar su cargo real. Los treinta y seis capítulos en el *Libro de los estados* que se dedican a los estados de emperador y de rey son, pues, un eslabón en la larga cadena de tratados de este tipo escritos para los reyes castellanos de la Edad Media. ¿Pero podemos afirmar que estos capítulos están dirigidos a un rey específico, quien tendría que ser el mismo Alfonso XI?

En una clase especial de espejo de príncipes entran aquellas obras que están dirigidas a un determinado rey a fin de que sea de su utilidad personal, como el *Regimine Principe* que escribió Gil de Colonna para el futuro rey de Francia, Felipe el Hermoso. En otra clase entran las que no están dirigidas a ningún rey en particular sino a todos. La segunda de las *Partidas*, la cual se escribió para el futuro uso de los reyes y señores de la casa de Castilla, puede considerarse como representativa de esta clase. Aparentemente el *Libro de los estados* no puede pertenecer a la primera clase. Como sabemos, el libro está dirigido al cuñado del autor, no al rey que en este momento ocupa el trono de Castilla, Alfonso XI. Pero, por otra parte, nos resistimos a pensar que estos capítulos no estén dirigidos a ningún rey determinado y, por tanto, desinteresadamente a todos. Conociendo a don Juan Manuel, tenemos suficientes motivos para sospechar que él no hacía nada desinteresadamente. Su ambición personal era conseguir modelar el comportamiento del joven rey, y es en este rey en quien pensó indudablemente al escribir estos capítulos.

Estaría bien concebir una tercera clase de espejo de príncipes, una en que entraran los exponentes que no declaran abiertamente a qué rey están dirigidos, a causa de que sus autores tenían alguna contienda con el rey para el que escribieron su obra. *El Policraticus* (1159) de Juan de Salisbury puede considerarse ejemplo de esta clase. Este autor del famoso espejo de príncipes escribió su obra en una etapa en que el rey Enrique II de Inglaterra le tenía en su desfavor, considerándole responsable por las tensiones que se habían suscitado entre Teoboldo, el Arzobispo de Canterbury, y la corona.[37] Juan de Salisbury dedica su libro a Thomas à Becket, Canciller del monarca inglés, pero sus discursos en torno a los gobernantes están dirigidos implícitamente a Enrique II. Don Juan Manuel también, recordemos, escribió el *Libro de los estados* pocos años después de haber sido suegro del rey y en que, tras la guerra entablada con el monarca, se abrían perspectivas de reconciliación. La relación era todavía delicada, dado el recuerdo fresco de los daños mutuamente hechos. Estos capítulos pueden ser fruto de las aspiraciones del autor a constituirse en mentor del joven rey, cuando consigue casarlo con su propia hija y se siente todopoderoso en el reino; posiblemente don Juan Manuel consideró por entonces el proyecto de escribir un espejo de príncipes para utilidad personal de Alfonso XI. La deshonra cometida por el rey a su persona y la consecuente guerra descartaron esta posibilidad.

Sea como quiera, en estos capítulos nuestro autor establece una curiosa relación con el rey: el poder que tiene sobre éste es saber las reglas que el rey tiene que obedecer. Significa también alzarse sobre el rey de la única manera que puede y en el terreno que ni el rey le puede confiscar, mediante su libro. De este libro es don Juan Manuel eje y soberano absoluto, aunque, paradójicamente, no libre de dar rienda suelta a su ira y a su desconfianza para con

---

[37]   Véase Murray F. Markland, su "Introducción" a *Policratus: The Stateman's Book*, Frederick Ungar Publishing Co. New York, 1979.

su rey. Con excepción de la segunda referencia que hace don Juan Manuel a la guerra con el monarca, en la que dice que éste le había hecho "muchos tuertos et desonra", no se percibe ninguna otra nota de descontento en estos capítulos. No es la intención de don Juan Manuel descubrirse profundamente aquejado y atribulado, sino cubrirse con mesura, prudencia y sabiduría, digno de que se le admire y respete. El *Libro de los estados* es una fachada diplomática de reserva y cuidadoso criterio, escrita con firme pero medida resolución. Es en otra parte del libro en la que don Juan Manuel se abre un poco más y en la que se advierten unos juicios que no pueden ser sino dirigidos al monarca castellano. Después de describir el estado de duque, el autor entra en una discusión de la relación entre el señor y el natural:

> Et digo uos que me dixo don Iohan, aquel mio amigo, algunas vegadas que fablamos sobre esta razon, que commo quier que las gentes non lo razonauan tan mal a los sennores nin dezian que eran traydores por fazer qual quier destas tres cosas, que tenia el que esto fazian las gentes por guardar la onra de los sennores, mas segund la verdat en si, que quanto [a] trayçion non queria el dezir mas, que sin dubda mayor maldad fazian los sennores en fazer estas cosas contra sus naturales, que en fazer las sus naturales contra ellos. Et ponia me y estas razones: dezia me que todo mal que omne fiziese, que a lo mas, que sienpre lo fazia por miedo o por cobdiçia: el commo quier que si al natural acaeciese que feziese alguna destas tres cosas contra el su sennor, non se podria escusar que non fuese traydor por ello, pero podria aver alguna mala razon por si, diziendo que cada vna destas cosas fazia con miedo [et non] con cobdiçia; mas el sennor que fiziese cada vna destas cosas contra el su natural, nin avn esta mala razon non podria poner por si. Et demas ponia me vna semejança, que dizia que bien asi commo vna manziella paresçia muy peor en vn panno muy preciado que en otro muy feo et muy bil, que bien asi quanto el sennor es de mayor estado et deue fazer sienpre mayores fechos et dar de si mayores exenplos a las gentes, paresçia le muy peor et faria mayor maldat en fazer cada vna destas cosas contra el su natural [que si el su natural] las fiziese contra el (380-381).

No cuesta mucho imaginarnos que aquí don Juan Manuel se está refiriendo a la contienda entre él y Alfonso XI, del que se desnaturó. Si ambos se hicieron daños mutuamente, él los hizo por miedo y necesidad, mientras que el rey no disponía de ninguna disculpa por habérselos hecho a él. El rey es el paño muy preciado y don Juan Manuel, en comparación, es el feo y vil; de las dos manchas que tienen los dos, la del rey es mucho más notable porque precisamente es rey, cuya obligación mayor es dar buenos ejemplos a los demás. El que don Juan Manuel insertara esta referencia a su contienda con el rey en este lugar, cuando muy bien podría haber entrado en la discusión del estado de emperador [rey], es demostrativo de la sutileza con que escribe el autor, guardándose siempre de no descubrirse demasiado.

En los capítulos dedicados al estado de emperador o de rey, en su derecho un espejo de príncipes, don Juan Manuel muestra un arraigado respeto a esos estados y se guarda de aprovechar esta oportunidad de zaherir innecesariamente y enemistarse más con el rey poderoso. Al escribir, o reescribir, estos capítulos entre 1327 y 1329, ya no tenían la misma finalidad, la de instruir al rey, que podían haber tenido en otro tiempo más grato para el hijo de infante, sino la finalidad de hacerse él mismo valer, según en otros tiempos lo fue, como "el mayor omne que sennor oviesse".[38]

D) *Don Juan Manuel y su estado*

En ninguna ocasión en particular se extiende don Juan Manuel demasiado cuando se introduce a sí mismo, ya que se guarda de decir más de lo que le conviene, tanto para atenerse al formato y temática principales del libro como para protegerse de la opinión que de él tienen sus contemporáneos como hombre muy "fablador" (312). Además, hablar de sí mismo extensamente sólo habría desacreditado su tarea y su persona. Pero la combinada unidad del *Libro de los estados* alberga una queja que don Juan Manuel no admite abiertamente, que es la de haber nacido hijo de infante y no hijo primogénito de rey.

La obra explora, como hemos observado, la dicotomía del estado y de quien lo ocupa: las violaciones del deber no son culpa de aquél sino culpa de éste. Este es el mensaje que transmite don Juan Manuel a sus contemporáneos, y que supone la petición de que todos cumplan con los deberes propios de su estado y que se conformen con aquel estado en que Dios les puso. Pero podemos deducir además otro mensaje si comparamos la mane-

---

[38]   Cito a Diego Catalán, quien cita a don Juan Manuel ("Don Juan Manuel ante el modelo alfonsí", 22).

ra en que presenta don Juan Manuel su estado con la manera en que se introduce en la dimensión autobiográfica.

Don Juan Manuel califica los dos estados, el de infante y el de hijo de infante, como estados muy peligrosos. Si los estados de emperador y de rey son peligrosos para la salvación de las almas por el posible abuso de bienes materiales que les corresponde, el estado de infante es peligroso por la carencia de bienes con que cumplir con los deberes "a manera de ordenamiento de los reyes":

> Et ellos non an ninguna cosa de suyo, si non [lo] que les da su padre o su hermano. Et por que an a mantener mucho[s] et muy altos et muy onrados estados et non an con que lo conplir, son en muy grant aventura de poder guardar lo que deuen a Dios et al mundo. Et asi, [si] con grant vondat et con grant entendimiento et grant esfuerço, et sobre todo con ayuda et con la merced de Dios, non mantienen su estado et su onra, son en grant peligro de las almas et de lo[s] cuerpos; ca a ellos mengua el poder et el aver de los reys (372).

Pero si el estado de infante es peligroso para la salvación del alma por la razón citada arriba, lo es aún más, escribe don Juan Manuel, el de hijo de infante, en primer lugar, por la misma razón que es peligroso el estado de sus padres, y en segundo, por la malcrianza que se les suele dar a quienes lo ocupan:

> La primera es por que los fijos de los infantes non son tan vien criados commo les cunpla; ca los que los crian, por les fazer plazer, trabajan en los falagar et consienten le[s] quanto quieren et loanles quanto fazen. Et por que todos los omnes, et sennalada mente los moços, quieren mas conplir su uoluntad que otra cosa, et la uoluntad demanda siempre lo contrario, toman por esto los fijos de los infantes muy grant dapnno, tan bien en las costumbres commo en las maneras commo en todas las cosas que an de dezir et de fazer. Otrosi les enpesçe mucho por que ellos cuydan et les dan a entender que por que son mucho onrrados et de muy alta sangre, que se a de fazer quanto ellos quieren sin trabajar ellos mucho por ello; et en esto son engannados. Et cierto cred que en mal punto fue nasçido el omne que quiso ualer mas por las obras de su linage que por las suyas (374).

Don Juan Manuel concluye afirmando que no hay estado más peligroso para el cuerpo y el alma.

En esta exposición de su estado don Juan Manuel intercala una referencia autobiográfica en la que se presenta entre los hijos de infante "que son agora en Castiella" como excepción, porque él sí fue bien criado. Lo significativo de este caso es que don Juan Manuel no se cita a sí mismo sino a otra autoridad, el Arzobispo de Santiago, quien en una conversación le había dicho que él (DJM) podría ser la excepción a la regla:

> Et desque ovieron mucho fablado en el abenençia de todos et finco el pleito asegurado, por que el arçobispo avia ante conbidado a don Iohan, fue comer con el; et desque ovieron comido, fincaron amos en la camara apartados departiendo muchas cosas, ca el arçobispo era muy buen omne et de muy buen entendimiento et de buena palabra, et en manera de departimiento et de plazer, assi como amigos que ellos eran, conmençigelo dezir en su lenguage gallego por esta manera: "Don Iohan, mio sennor et mio amigo, vien vos dezimos en verdat que nos beyemos muchas estorias et muchas coronicas, et siempre fallamos en ellas que los fijos de los infantes fuera muy bien si fueran meiores; et nunca fallamos que fueron muy buenos, et avn los fijos de los infantes que agora son en Castiella, paresçe nos que, si marauilla non fuere, non querran fazer mintrosas las scripturas, et plazer nos ya mucho que uos, que sodes mucho nuestro amigo, que uos trabajedes que non fuessen en vos uerdaderas. Et commo quier que algunt poco las desmintiestes agora en lo que avedes fecho en esta venida por el infante don Iohan, reçelamos que non queredes fincar solo et que queredes fazer commo los otros. Et rogamos vos que creades vn biervo antigo que dize que "Mas uale omne andar solo que mal aconpannado". Et dezimos uos que si en alguna cosa non fizieredes commo los otros, que tenemos por cierto que sera por la vondat que nos sabemos que ouo en vuestra madre et por la buena criança que fizo en vos en quanto visco." Et sobre esto rieron et departieron mucho (373-374).

El Arzobispo de Santiago le habría, por tanto, amonestado, entonces, reprochándole un comportamiento muy parecido al de los otros hijos de infante, y señalándole que por su buena crianza debería de distinguirse de ellos. Por su parte, don Juan Manuel insinúa que, de hecho, es esto lo que hizo: superar los peligros de su estado para llegar a cumplir con las responsabilidades del mismo. De ahí que se presente en el libro como modelo.

Por la manera en que don Juan Manuel presenta, por un lado, su estado como vulnerable, inestable y el más peligroso, y por la manera en que se presenta, por el otro lado, como modelo, es lógico concluir que el autor aplica a su caso particular lo inverso de lo que transmite a sus contemporáneos: la causa de los conflictos surgidos en su actividad política es la de haber nacido en una situación particular, la de hijo de infante, y no culpa suya. Los tristes tiempos que vive son porque unos (el rey y sus aliados), al violar sus deberes, no son dignos de su estado, y de otra parte porque su estado no es digno de él. Don Juan Manuel es un hombre que 'quiere' y 'sabe' conducirse como rey, pero que no 'puede' ("ca vos sabedes que por grant poder que omne aya, que muchas cosas queria fazer et non puede"), debido al destino y a una estructura estamental rígida en la que cada hombre ocupa una posición por 'voluntad divina' y no por la voluntad y obras de uno mismo.

¿Es esta queja, que don Juan Manuel no llega a expresar abiertamente, un hilo suelto en la fábrica teórica de una sociedad rígida y estática que con tanto cuidado formula el autor? Aun es más, ¿es esta queja implícita vislumbre de un don Juan Manuel que pudo haber guardado en su pecho lo que él sabía ser 'en su libro' nada menos que herejía? Como contestación a estas preguntas me limitaré por ahora a recordar, ya que no podemos saber con seguridad que este hubiese sido, de hecho, el caso, aquellas palabras que más resuenan en el *Libro de los estados* y que están acompañadas de aquella risa triste e inolvidable de nuestro autor: "Et dixo me algunas vegadas riendose et commo en manera de solaz: 'Digovos en buena fe, Julio, mi amigo et mi amo, que en los grandes fechos que ove de fazer, que las poridades que me fueron mejor guardadas, las que non dixe a ninguno.'"

El *Libro de las armas*

El *Libro de las armas* es un breve relato de familia que escribió don Juan Manuel en los últimos años de su vida, aproximadamente entre 1342 y 1345.[1] Porque trata de la familia, la sede primordial de sus luchas por el poder, es también su libro más político. El propósito político del libro es ensalzar a su linaje, que nace con su padre el infante don Manuel, hijo menor de los reyes Fernando III el Santo y Beatriz de Swabia, y difamar al linaje procedente del primogénito de esta pareja, el heredero del trono, Alfonso X, su tío.

En 1982, con ocasión del séptimo centenario del nacimiento de don Juan Manuel, Germán Orduna presentó un estudio sobre el *Libro de las armas*, en el que propuso que el autor tomó esta postura antidinástica para vengarse del rey Alfonso XI, bisnieto de Alfonso X, quien lo había subyugado definitivamente en 1338.[2] Esta explicación es fundamentalmente

---

[1]   En su biografía de don Juan Manuel, Giménez Soler sitúa la fecha de la composición del *Libro de las armas* después de 1337, y preferentemente en 1342 (*Don Juan Manuel*, 175-176). José Manuel Blecua, en su introducción a las *Obras completas*, sigue lo establecido por Giménez Soler. Germán Orduna, en su estudio "El *Libro de las armas*: Clave de la justicia de Don Juan Manuel", propone una fecha más tardía todavía, el año 1345.

[2]   Hasta la fecha, los estudios sobre el *Libro de las armas* son muy pocos, aunque desde hace tiempo se ha señalado no solamente su importancia en la obra de don Juan Manuel como libro autobiográfico sino también su inmenso valor tanto histórico como literario. Con todo, si bien esto se ha reconocido antes, sólo a partir de 1982, con ocasión del séptimo centenario del nacimiento de don Juan Manuel, ha habido un verdadero esfuerzo por reivindicar el libro y sacarlo del sótano donde ha quedado por tanto tiempo relegado. De hecho, son dos etapas las que se distinguen en la historia crítica del libro, la etapa anterior a 1982, en que no se escribe ningún estudio que se dedique exclusiva y detenidamente al libro pero en que sí se escriben valoracio-

correcta, pero también es demasiado sencilla. La política antidinástica del libro responde más, de hecho, a la insatisfacción del autor con haber nacido hijo de infante y no primogénito de rey; es decir, es la misma insatisfacción que vimos sugerida en su *Libro de los estados* (1327-1330). Es más, en el *Libro de las armas* don Juan Manuel consigue justificar esta insatisfacción, lo cual no pudo de ninguna manera hacer en el *Libro de los estados*.

---

nes importantes (si bien incidentales y/o breves), y la etapa a partir de 1982, en que se empieza a prestar al libro la atención e interés que justamente merece. A continuación resumo el contenido de ambas etapas.

En su biografía del autor (*Don Juan Manuel*, Zaragoza, 1932), Giménez Soler proporciona una edición del libro (677-691) a la que añade comentarios (691-695) más bien de índole histórica. El propósito de estos comentarios es comprobar o contradecir los datos que proporciona don Juan Manuel en el libro, es decir, medir la veracidad histórica del libro. Ahora bien, en la discusión general de las obras de don Juan Manuel (c .4) el biógrafo discute brevemente el *Libro de las armas* (213-214) y afirma que sus páginas son "las páginas de más bella prosa castellana de la Edad Media." También hace esta otra importante evaluación, señalando la maestría narrativa con que está escrito el libro: "No hay nada en su libro que no sea digno y que no puedan admirar así el literato como el historiador. Es una especie de autobiografía; pero escrita en su propia glorificación. Don Juan Manuel se siente en ella nieto de San Fernando y superior a cuantos descendían del mismo tronco; Don Juan Manuel contrapone las bendiciones y herencia que su padre Don Manuel recibió del suyo a las maldiciones que recibieron los hermanos de su padre y que el linaje transmitió a sus herederos. El asunto del libro es la explicación de sus armas, pero con este motivo explica muchos sucesos de su familia, todos de gran intimidad familiar y por esta razón no los consignaron las crónicas. Comienza desde su niñez y es modelo de narración histórica y de método, porque contando su vida y dando cuenta hasta del día de su nacimiento y viniendo todo enlazando naturalmente, los hechos no están referidos cronológicamente a modo de una crónica o un cronicón, sino cuando el relato, conducido por el propósito que guía al que relata, les da cabida" (214).

Américo Castro también, en *La realidad histórica de España* (1954), discute brevemente el *Libro de las armas* (369-374). Castro presenta el libro como ejemplo de la prosa del siglo XIV, en la que empieza a haber expresiones de intimidad: "Debemos al infante don Juan Manuel la primera página, íntima y palpitante, de una confesión escrita en castellano, situada novelescamente en un tiempo y en un espacio dados; una conciencia se abre, para que otra descienda hasta su profundidad y surja cargada del precioso hallazgo" (371). Castro hace asimismo una tenue conexión entre el contenido del libro y la necesidad pragmática del momento que llevó al autor a escribirlo: "La descripción con matices novelísticos de la agonía de Sancho IV no fue escrita a fin de ejercitar la pluma desinteresadamente, sino en un arrebato de suficiencia y para justificar la propia vida, las turbulentas ambiciones de Don Juan Manuel" (373).

En 1957 apareció en el *Year's Work in Modern Language Studies* (XIX, 191) una reseña de R.B. Tate sobre el libro. Tate señala el propósito autopanegírico del libro ("las tres razones tienen una sola razón: establecer más que su genealogía o autobiografía, su autopanegírico") y su acuciada vitalidad ("pero sobre el valor histórico, el real valor de esta primera página de confesión de la lengua española

59

Como ya sabemos, don Juan Manuel desarrolló en el *Libro de los estados* la teoría de la sociedad jerárquica y teocéntrica, cuya premisa principal es que todo hombre debe conformarse con el estado en que ha nacido por voluntad divina. Su adhesión a esta teoría le servía como apología del poder que ejercía su clase sobre las más bajas, y también como medida de protección ante el rey Alfonso XI, a quien, en la figura de un rey teórico, enmarca en el engranaje social para delinear sus obligaciones y delimitar su poder. Pero a él personalmente no le vino bien esta teoría; se vio obligado a enmarcarse también a sí mismo en un estado más bajo que el que creía merecer. Entrevimos esta disconformidad precisamente en su dificultad en colocarse en su estado; lo hace protestando su excelencia personal y reiterando lo inactractivo de ser hijo de infante. De aquí deducimos que en vez de hijo de infante la habría gustado haber nacido hijo del primogénito del rey, o llegar a ser rey por otros medios. Esta disconformidad, sin embargo, está necesariamente reprimida en el libro, so pena de contrariar la visión del mundo que por lo demás le venía muy bien, y so pena también de retar la voluntad divina que según esta teoría era que se conformara con su estado.

---

estriba sobre todo en el temblor de lo vivido, de lo vital que la recorre aun en medio de la explicación escolástica").

Después de la reseña de Tate transcurren veinte y cinco años de silencio en torno al *Libro de las armas*. Este silencio se rompe al celebrarse el séptimo centenario del nacimiento del autor. En 1982 se escriben tres artículos que se dedican exclusivamente al libro. Son "El *Libro de las armas*: Clave de la justicia de Don Juan Manuel" de German Orduna (que se publica en *Cuadernos de Historia de España* en el mismo año), "Cuentos orales y estructura formal en el *Libro de las Tres Razones*" de Alan Deyermond y "El *Libro de las armas*: algo más que un libro de historia" de Francisco Javier Díez Revenga. Estos dos últimos artículos se incluyen en la colección de ensayos que compone *Don Juan Manuel: VII Centenario* (Universidad de Murcia, 1982).

El mérito del estudio de Orduna es el de ser el primero de situar el libro en su contexto histórico, es decir, de entenderlo como respuesta de don Juan Manuel a su situación en el tiempo presente de componerlo. Orduna propone principalmente que el hijo de infante escribió el libro para vengarse de Alfonso XI: "En este "testamento" público hizo su "justicia" sobre Alfonso XI, hiriéndole en su estirpe, estigmatizándolo como de un linaje maldito; así devolvía el golpe de la afrenta inferida en su orgullo indomable. Frente a la espada vencedora de Alfonso XI, DJM esgrime la pluma y el razonamiento especioso" (268). Ahora bien, Orduna dedica dos tercios de su estudio a exponer la difícil e inestable relación del hijo de infante con el monarca —valiéndose de los documentos de la época— y sólo un tercio para el análisis del libro. Este análisis, en otras palabras, es rápido y esquemático, por lo que este estudio mío propone un análisis más detenido y profundo.

Una mirada más simpática y comprensiva es la de Díez Revenga. Éste ignora la motivación política de don Juan Manuel —porque no es lo que quiere ver, aclara—;

El discurso histórico del *Libro de las armas*, en cambio, le permite a don Juan Manuel legitimar su insatisfacción, ventilarla y solucionarla. La legitima planteando en el seno del libro que su padre, el infante don Manuel, tenía que haber sido rey. Preparándose para la reconquista de Murcia, Alfonso X prometió a su hermano menor hacerle rey del reino una vez recobrado, promesa que luego no cumplió. Don Juan Manuel da a entender, por consiguiente, que no nació en el estado en que debió de haber nacido, el de hijo de rey. Pero don Juan Manuel no se conforma con decir esto, con evocar lo que pudo y debió de haber ocurrido, que no ocurrió. La política antidinástica que recorre el libro —que, por cierto, resuelve el conflicto entre su voluntad y la divina— desemboca ulteriormente en la suposición de que por voluntad de Dios el linaje de los reyes que entonces ocupaba el trono sería desheredado por sus pecados, y el linaje de los Manueles, por sus méritos y por tener el favor divino, subiría en "onra et en riqueza et en poder." "Este linage", escribe el autor, "deue aver auantaja et sennorio de las otras gentes para acabar el seruiço de Dios" (OC, I, 126).[3] Esto es implicar que será su linaje el nuevo linaje de reyes. Este es el planteamiento principal del *Libro de las armas*, el que se lee en la suma de los hechos narrados.

Para entender la estrategia que adopta don Juan Manuel en el libro, hay que tomar en cuenta su sumisión al rey en 1338. Esta rendición es con respecto al *Libro de las armas* tan importante como lo fue, con respecto al *Libro de los estados*, la maniobra traicionera de Alfonso XI de pedirle a don

---

lo que destaca es el carácter literario de la obra, y para éste porciona una visión bastante completa de la misma. Señala su prosa amena, su estilo esmerado, sus elementos y tono novelescos, su ambiente de leyenda y su voluntad artística y literaria. Díez Revenga subraya especialmente su condición de relato ficticio "en el que tanta importancia tiene lo inventado como lo que verdaderamente ocurrió" (107).

Excelente artículo sobre el *Libro de las armas* es el de Alan Deyermond. Se ocupa de señalar los motivos folklóricos en el libro: "Los motivos folklóricos se combinan así con las tradiciones religiosas para confirmar la misión del infante Manuel y de su hijo, misión que contrasta tan netamente con el poder ilegítimo de la línea maldita de Alfonso X. Dichas tradiciones y motivos llegan a Don Juan Manuel por medio de los cuentos orales que circulaban en su familia y en las de sus mujeres Isabel y Constanza" (83). Deyermond también revela los distintos topos literarios que se encuentran en el libro, y explica la organización formal del libro y cómo se refuerzan sus distintas partes. El artículo de Deyermond es, como hemos dicho, el mejor que se ha escrito sobre el *Libro de las armas*. Lo que Deyermond no incluyó, sin embargo, y que pudo haber incluido por tener relación con su tema, es un resumen de la tradición legendaria antialfonsina.

3 Citamos siempre por la reciente recopilación que ha hecho José Manuel Blecua de las obras de don Juan Manuel: *Obras completas*, Gredos, 1982.

Juan Manuel la mano de su hija doña Constanza, para después hacerla prisionera en su castillo en Toro y casarse con una infanta portuguesa (1325-1327). Estos dos hechos, el repudio de su hija por el rey, primero, y su forzada rendición al rey, después, fueron los reveses más grandes de su vida; y son los contextos que hicieron de estos dos libros sus obras más políticas, en tanto que son espacios literarios donde buscó corregir el balance del poder a su favor.

Ahora bien, aunque el repudio de su hija fue un golpe muy fuerte, lo fue mucho más, por su carácter definitivo y terminal, su rendición en 1338. De hecho, el autor, viejo y derrotado, vino a perder mucho de su poder. Hizo un último intento de recuperarlo en 1345, tramando con los reyes de Portugal y de Aragón una gran alianza contra Alfonso XI, pero nada fructiferó mas allá de la intención.[4] Estaba ya muy claro que en su vida no habría de lograr realizar sus dos ambiciones, la de ser autónomo y la de acceder al trono castellano. Su horizonte de posibilidades estaba cerrado. Por esto escribió el *Libro de las armas*, donde volvió a abrir el campo de posibilidades con una visión del futuro de su linaje, estableciendo que siempre ha sido la voluntad de Dios conducirlo a la gloria terrena de tener ventaja y señorío sobre toda la gente, y también, cómo no, sobre el linaje de los reyes castellanos. El *Libro de las armas* no es ni más ni menos que la proyección de su propio sueño frustrado de haber sido rey.

Hay otro factor que considerar con respecto al *Libro de las armas*, y que Orduna pasó del todo por alto.[5] Don Juan Manuel podía contar con futuros Manueles, porque tenía, en efecto, un hijo, Fernando Manuel, preciado sobre todo porque era legítimo y porque no nació sino hasta muy tarde en la vida del autor. De hecho, Sancho Manuel, el único hijo ilegítimo del autor del que tenemos conocimiento cierto, nació temprano en la vida del hijo de infante;[6] en cambio, la espera por el ansiado hijo heredero fue larga y

---

[4]   Véase el "Documento secreto enviado por Don Juan Manuel a Pedro IV, comunicándole los propósitos de Alfonso XI en pro de sus hijos bastardos y contra los reyes de Portugal y Aragón", escrito en septiembre, 1345 (Giménez Soler, 644-645).

[5]   German Orduna reconoce la naturaleza del *Libro de las armas* como "libro de recuerdos de familia para la educación de sus descendientes", pero enseguida la deja de lado en favor de verlo sólo como acto de venganza hacia Alfonso XI. Desdeñar ese aspecto hace injusticia al libro, en tanto que no lo coloca en la tradición literaria a la que pertenece, el relato de familia.

[6]   En 1334 Sancho Manuel ya tiene edad para encargarse de asuntos importantes de su padre, como podemos comprobar, por las cartas que en el mismo año escribe al rey de Aragón, Alfonso IV, y a Jaime de Ejérica, un buen amigo de su padre, pidiéndoles auxilio contra Granada. (Giménez Soler, documento DXXV, 612-613).

frustrante. La primera mujer de don Juan Manuel, la infanta doña Isabel, hija del rey de Mallorca, murió sin hijos en 1301, al año y pico de haberse casado. Don Juan Manuel se casó por segunda vez en 1311, con la infanta doña Constanza, hija de Jaime II de Aragón. Con ella tuvo a Constanza Manuel y a dos varones que murieron en la infancia.[7] Doña Constanza de Aragón murió en 1327, y el autor se casó dos años después con su tercera esposa, doña Blanca de la Cerda y de Lara, hija de Fernando de la Cerda y doña Juana Nuñez de Lara.[8] Tres años después, en 1332, nació Fernando Manuel.[9] Este hijo sobrevivió la peligrosa infancia, por lo que su padre podía ya contar felizmente con un heredero que asegurase la continuación de la casa de los Manueles, y con un conducto seguro en que invertir sus esperanzas personales.

No obstante, si por una parte Fernando Manuel alentaba las esperanzas del autor, por otra parte también le creaba más preocupación. Efectivamente, la confianza con que don Juan Manuel afirma en el *Libro de las armas* que el futuro glorioso de su linaje estaba asegurado no es sino una traducción radical de su preocupación por el futuro inseguro del mismo. Esto era verdad especialmente después de su rendición al rey en 1338. Si bien ésta significó una derrota personal para el autor, también significaba, por la resultante pérdida de poder, un futuro menos seguro para su hijo —quien por esas fechas sólo tenía seis años— y su linaje. También a esta luz podemos ver los esfuerzos del autor por superar su estado. Haberlo superado habría significado contrarrestar esta inseguridad que, como vamos

---

7   El 18 de diciembre de 1321 Jaime II le escribió una carta a su hija Constanza, felicitándola por el nacimiento del segundo de estos varones, y aconsejándole que no dejara al niño al cuidado de los médicos judíos (Giménez Soler, documento CCCLX-XIV, 501). Por lo visto, Jaime II achacaba la muerte del primer varón a los médicos judíos. El caso es que también murió este segundo niño.

8   Este Fernando de la Cerda era el segundo de los dos hijos que tuvo el primogénito de Alfonso X, Fernando de la Cerda, con doña Blanca de Francia, hija de San Luis. El hijo primogénito del rey Sabio murió en 1275, en vida de su padre. Esta tercera esposa de don Juan Manuel era, por tanto, nieta de Alfonso X, el tío del autor. Era bisnieta de Fernando III, el abuelo del mismo don Juan Manuel. Juana Núñez de Lara, conocida como "la Palomilla", pertenecía a la gran casa noble de los Lara. Era hija de don Juan Nuñez de Lara, el Gordo (m. 1295), el favorito de Alfonso X, y hermana mayor de don Juan Núñez de Lara, el de las Barbas. "La Palomilla" estuvo primero casada con el infante don Enrique, hermano de Alfonso X. El infante don Enrique murió en 1304 sin descendencia legítima.

9   Conocemos el año en que nació Fernando Manuel por lo que escribe don Juan Manuel en su segundo testamento, el de 1340. (El primero data el 31 de mayo de 1339). Escribe el autor : "Por ende mando a don Ferrando mjo fijo que fasta en la era de mill et trezientos et noventa annos que el aura conplidos veynte annos que non se meta en poder" (Giménez Soler, apartado 24, 700). El año 1390 corresponde al año 1352 de nuestro calendario. Por tanto, Fernando Manuel nació en 1332.

a ver enseguida, era consubstancial y privativa del linaje de un infante no heredero.

II. *Los inconvenientes del linaje de un infante no heredero.*

El estado de infante no heredero planteaba problemas tanto de identidad como de subsistencia. Los infantes eran hijos desplazados de reyes que no podían seguir en el estado de su padre, y por otra parte eran nobles "tiernos" en el sentido que no disfrutaban del arraigo de las ya muy establecidas casas nobles. Su identidad naturalmente estaba dividida entre lo que ya eran, "fechura de reyes", y lo que todavía no eran del todo, nobles formados. Además, los infantes, escribe don Juan Manuel en el *Libro de los estados*, refiriéndose a su dependencia económica, "non an ninguna cosa de suyo, si non lo que les da su padre o su hermano" (*OC*, I, 372). Si no el padre, cuyo amor paterno podía inclinarle a ser generoso con sus varios hijos (sobre todo mientras viviese la madre), muy fácilmente el hermano rey podía no considerar su obligación dar parte de lo que estimaba ser suyo a su hermano infante. Por esta razón escribe el autor en otra parte del *Libro de los estados*, donde habla de las obligaciones del rey para con sus hermanos:

> Et demas, deue saber que commo quier que Dios dio a el la mayoria et quiso que heredase por que nasçio el primero que los otros sus hermanos, que tan fijos dalgo son commo el, et fijos son de aquel padre et de aquella madre que el; et que aguisado et razon es que ayan parte, et en que puedan bevir bien et onrada mente, en lo que fue de su padre et de los otros reyes onde vienen (*OC*, I, 328).

En caso de no recibir de su hermano lo que estimaba ser su parte justa, el infante se exiliaba a otras tierras para hacer fortuna, o se quedaba y causaba "bolliçio", estragando y robando la tierra en liga con otros nobles descontentos, o se rebelaba, no pocas veces con intenciones de usurpar el trono.

Notemos en la cita de arriba que don Juan Manuel fundamenta el derecho que tienen los infantes a su parte justa de la heredad real en que son "tan fijos dalgo" como su hermano el rey. Es decir, es un derecho de naturaleza, basado en consanguinidad. El rey hermano, por su parte, en su esfuerzo de centralizar la monarquía, hacía lo posible por designar este "derecho" como "privilegio" revocable, reservando para sí el poder de disminuir las rentas, reducir los señoríos, y quitarles cargos a sus hermanos menores. Es contra esta vulnerabilidad contra lo que protestó don Juan Manuel, ya que a ella también estaba expuesto él por ser hijo de infante. No era, además, tan "fijo dalgo" como su padre, por lo que le tenía que corresponder menos, cuando era su voluntad el que le correspondiera siempre más.

Según don Juan Manuel en el *Libro de las armas*, su padre heredó de su progenitor, Fernando III el Santo, sólo su bendición y "la su espada Lobera" que, por cierto, se estiman en el libro como herencia superior a la de sus hermanos mayores.[10] Pero por ahora lo importante es notar que, de hecho, el infante don Manuel heredó en cuestión de tierras y posesiones mucho menos que sus hermanos (Ballesteros Beretta, *Alfonso X el Sabio*, Salvat Editores, Barcelona, 1963, 259). Ahora bien, por el otro lado, el infante era el hermano favorito de Alfonso X, quien fue muy generoso con él. Por esta generosidad el infante don Manuel reunió en su patrimonio, a través de los años, el señorío de Villena, las villas de Santa Olalla, Cuellar, Umbrete y Escalona; el señorío de Elche con su puerto de Santa Pola; los señoríos de Elda, Novelda y otros en el sureste; rentas en diversas partes en Castilla; el hospital del rey en Burgos y las casas y haciendas de Belbimbre, Fuentedueñas y Sarasona; y el monopolio de la pesca en el Mar Menor. El castillo y la villa de Peñafiel se sumaron a su patrimonio en 1282, cuando su sobrino el infante don Sancho, el futuro Sancho IV, se los donó al ser nombrado padrino de su hijo recién nacido, nuestro autor.[11] Tal como afirma en el *Libro de las armas*, el autor heredó este rico y extenso patrimonio a la muerte de su padre en 1284, cuando tenía sólo un año y ocho meses.

Don Juan Manuel se propuso y consiguió no sólo conservar este patrimonio sino también ampliarlo considerablemente. Cuando en 1336 escribió el *Libro enfenido* —un libro de consejos para su hijo Fernando—, había acrecentado tanto la herencia que pudo decirle con orgullo: "Et çierta mente, quanto al tienpo de agora, loado sea a Dios, non a omne en Espanna de mayor grado que vos, si non es rey" (*OC*, I, 161-162). Y un poco más adelante podía añadir esta otra famosa afirmación: "Et otro si de la vuestra

---

10 Además del primogénito don Alfonso (n. 1221) los hermanos del infante don Manuel fueron: don Fadrique (1224), don Fernando (n.1227), don Enrique (n.1230) y don Felipe (n.1232).

11 Antonio Ballesteros Beretta proporciona una medida del patrimonio que adquirió el infante don Manuel a través de los años (*Alfonso X el Sabio*, 259); pero un estudio más detallado y exacto, y más reciente, es el de Derek W. Lomax, "El padre de don Juan Manuel" (*Don Juan Manuel : VII Centenario*, Murcia, 1982, 163-176). Este artículo de Lomax es no solamente interesante y erudito sino también encantador y sugestivo.

heredat podedes mantener cerca de mill caualleros, sin bien fecho del rey, et podedes yr del reyno de Nauarra fasta el reyno de Granada, que cada noche posedes en villa çercada o en castiellos de llos que yo he" (*Ibidem*, 162).[12] El hijo de infante, en efecto, había llegado a ser mucho más poderoso de lo que fue su padre, tan poderoso "sin bien fecho del rey" que naturalmente y paradojicamente había aumentado también su vulnerabilidad, ya que su poder era una amenaza al poder real. Cuando don Juan Manuel se rindió en 1338, pudo conservar sus tierras, pero no tenía ninguna garantía de que el rey las fuera a respetar después de su muerte y de que su joven hijo las pudiera defender. El *Libro de las armas* responde en gran parte a esta inseguridad; con él quiso el autor proporcionar a su hijo y a su descendencia una manera de defender su derecho al poder que heredaban.

Había otro problema. El linaje del infante no heredero estaba destinado a alejarse progresivamente del poder con el avance del tiempo, al hacerse más debil la consanguinidad con los reyes. En el propio caso de don Juan Manuel resultaba patente que su relación consanguínea se había hecho más lejana con cada nuevo rey: era nieto de Fernando III, sobrino de Alfonso X, primo de Sancho IV, primo segundo de Fernando IV y tío abuelo de Alfonso XI. La relación consanguínea de su progenie con los reyes habría de ser mucho más floja. La única manera de contrarrestar este progresivo alejamiento era casar a sus hijas con reyes. Ya conocemos la frustrada ambición de don Juan Manuel de casar a su hija doña Constanza con Alfonso XI. Años más tarde pudo, tras muchos impedimentos que puso el rey castellano, casar a doña Constanza con el infante heredero portugués. Con todo, era en el linaje real castellano en el que quería volver a encauzar su sangre. En el *Libro de las armas* recuerda una y otra vez que "nuestras casas", la real

---

[12] Efectivamente, don Juan Manuel era dueño de una línea ininterrumpida, casi infranqueable, de castillos y villas, del norte de Navarra a Cartagena en Murcia. Angel Luis Molina Molina, en su valioso artículo "Los dominios de don Juan Manuel" (*Don Juan Manuel: VII Centenario*, 215-226), nos proporciona esta lista de las propiedades de nuestro autor: en Castilla la Vieja, Ameguyo, Villafranca, Lara, Lerma, Torrelobatón, Peñafiel y Cuellar; en Castilla la Nueva, Galbe de Sorbe, Palazuelos, Ledanca, Cifuentes, Val de San García, Trillo, Brihuega, Salmerón, Alcocer, Castejón, Buendía, Puerto Camdaljub, Villar del Saz, Huete, Montalvo, Robledillo, Zafra de Zancara, La Hinojosa, Puebla de Almenara, Castillo de Garcimuñoz, Alarcón, Belmonte, El Cañavete, Iniesta y El Provencio; en el se señorío de Villena y en Murcia, Villaverde, Jorquera, La Roda, Chinchilla, Almansa, Hellín, Tobarra, Yecla, Biar, Sax, Elda, Novelda, Issa, Chinosa, Cieza, Elche, Villanueva, Orihuela, Mula, Murcia, Librilla, Aledo, Alhama, Lorca, Totana y Cartagena. Y ya más en el centro del pais, en Toledo, tenía las villas de Escalona, Maqueda, Santaolaya y Aceca.

y la de los Manueles, eran "una" sola casa. En este sentido, el libro toma una postura nostálgica.

Había otro inconveniente que don Juan Manuel trató de arreglar. El linaje de segundones reales no disponía de título hereditario. Los títulos que tenía disminuían de importancia con cada nueva generación: infante, hijo de infante, nieto de infante, etc. Por lo menos en este aspecto el linaje estaba destinado a perder altura, haciéndose también más debil con el tiempo la justificación más obvia de su poder. Por esta razón don Juan Manuel introdujo en el esquema estatal que traza en el *Libro de los estados* estados nobles con títulos hereditarios que no eran propios del sistema español sino del francés. Éstos son los estados de duque, marqués, conde y visconde. El uso de estos títulos estaba apenas introduciéndose en Castilla.[13] De hecho, el primero en ser nombrado conde desde tiempos lejanos fue el favorito de Alfonso XI, don Alvar Nuñez de Osorio, en 1327. Entonces, hasta se tuvo que inventar la ceremonia, por ser una novedad.[14]

Don Juan Manuel, por su parte, aspiraba para sí y para su linaje al título de duque. Cuando en 1333 el rey le pidió su ayuda para levantar el cerco que los moros habían puesto sobre Gibraltar, el hijo de infante respondió que lo ayudaría con la condición de que el rey "fiziese su tierra Ducado e que fuese esento de todo tributo real, e que pudiese labrar moneda en ella cada que quisiese, y que se llamase duque e su hijo Fernando despues de sus dias e los que del viniesen eso mesmo" (*Gran Crónica de Alfonso XI*, Diego Catalán, II, CXXVIII, 23). El rey castellano no accedió. Don Juan Manuel consiguió un título después por otro lado. En 1336 o en 1337 Pedro IV de Aragón le dio el título de duque a cambio de su apoyo contra doña Leonor de Castilla, la madrastra del aragonés y la hermana de Alfonso XI, quien pretendía el trono aragonés para sus propios hijos (Giménez Soler, 109).

---

[13]   En realidad el título de conde se había venido usando desde hacía siglos, pero había caído en desuso. Los otros títulos son claramente importaciones recientes del norte. Para una discusión interesante sobre la introducción de estos títulos en Castilla véase "Las instituciones en la obra de don Juan Manuel" de Delia L. Isolda (*Cuadernos de Historia de España, XXI-XXII, 1954, 71-145)*, especialmente las páginas 138,139,140.

[14]   "E por que avia luengo tiempo que en los rreynos de Castilla no oviera conde, era duda como lo harie; e fue acordado que se fiziese desta guisa: E el rrey asentose en un estrado, e truxeron vna copa de vino e tres sopas; e el rey dixo: Comed, conde; e el conde dixo: Comed, rrey. E fue esto fecho por anbos a dos tres vezes; e comieron aquellas sopas anbos a dos. E luego todas las gentes que estauan ay dixieron: Evad el conde, evad el conde." (*La Gran Crónica de Alfonso XI*, Gredos, 1976, I, LXXVI, 419-420).

Pero este título no le servía al autor en Castilla. En todo caso, el pedir que su tierra se hiciese ducado y que fuese exenta de pagar tributo real, y que tuviese el privilegio de acuñar moneda a su antojo, era pedir los privilegios de un monarca. Lo que quería don Juan Manuel era autonomía, pero no la habría de conseguir; Alfonso XI, astuto y poderoso, conseguiría someterle. En la siguiente sección vamos a ver a Alfonso XI más de cerca, como fue poco a poco sujetando a la nobleza bajo su dominio, incluido don Juan Manuel, quien al resistirse más que los demás sería el último en someterse.

III. *Alfonso XI triunfa sobre la nobleza*

Los primeros treinta años de la vida adulta de don Juan Manuel (1295-1325) coincidieron con los años anárquicos de la minoría (1295-1301) y mayor de edad (1301-1312) de Fernando IV, uno de los reyes más débiles en la historia de Castilla y León, y con la minoría (1312-1325) del hijo de éste, Alfonso XI, quien a la muerte de su padre tenía sólo un año de edad. Fueron años en que el dominio de la nobleza llegó a su apogeo, y años en que el espíritu de don Juan Manuel —independiente, rebelde y, según ha sido calificado por algunos, premaquiavélico— se formó a sus anchas. Pero cuando Alfonso XI cumplió la mayoría de edad en 1325, don Juan Manuel y los demás nobles se vieron de pronto enfrentados con un tenaz monarca con todas las intenciones de reclamar e imponer su soberanía. "El día de oy veré yo quien son mis vasallos e verán ellos quien so yo" son palabras famosas de Alfonso XI que, aunque pronunciadas años después, en 1340, en la batalla del Salado contra Marruecos y Granada, captan muy bien el espíritu con que reinó a través de todo su reinado. De hecho, Alfonso XI iría a subyugar o a matar, uno por uno, a los nobles rebeldes, terminando la época de su confiado apogeo.

Alfonso XI no perdió tiempo en hacer saber su postura. En 1326 invitó a otro de sus antiguos tutores, el también hijo de infante don Juan el Tuerto, aliado de don Juan Manuel, a un banquete en su castillo en Toro. Allí hizo que lo mataran junto con los que habían llegado con él. Tras matarlo se apoderó de sus tierras, "mas de ochenta villas e castiellos". "E dende adelante", dice la *Gran Cronica*, "llamose el rrey gran tienpo señor de Vizcaya e de Molina" (1, LXII, 394).

En 1328 el rey mandó matar y luego quemar a don Alvar Nuñez, su todopoderoso favorito y al que había nombrado conde sólo hacía un año. El conde, tras haber sido desterrado de la casa del rey en julio del mismo año, por haber retenido para sí dinero que tenía que haber repartido entre otros ricos hombres y caballeros de la mesnada del rey, se había aliado con don Juan Manuel y se había negado a entregar los castillos y alcazares que tenía del rey en homenaje (*GC*, I, XCVII, 458-459).

Recordemos que don Juan Manuel, por su parte, estaba en esta época desnaturado del rey y en guerra con él, por la cuestión del repudio de su hija. Firmaron una tregua a finales de 1329, pero esta paz duró muy poco. Todavía resentido, don Juan Manuel rompió el pacto en agosto de 1330, renovó su amistad con el rey de Granada, y empezó a tramitar el casamiento de su hija con el infante heredero portugués (*GC*, I, XCVII, 458-459 y CXVII, 501-502). El rey portugués, Alfonso IV, estaba en desavenencia con su yerno, el rey castellano, porque, poco después de haberse casado éste con la infanta portuguesa doña Maria, había tomado una amante, doña Leonor de Guzmán, a quien mostraba más favor que a su esposa.[15]

Ya mencionamos que don Juan Manuel se casó en 1329 con doña Blanca de la Cerda y de Lara. El hijo de infante hizo del hermano de esta doña Blanca, don Juan Nuñez, su nuevo aliado. A éste le convenció de que se casara con doña María, la hija del asesinado don Juan el Tuerto, para que pudiese reclamar del rey, a través de ella, el señorío de Vizcaya.[16] Este matrimonio se efectuó en 1331, "e de alli adelante", dice la *Gran Crónica*, "don Joan Nuñez querellavase del rrey que lo avia deseredado por lo que avia tomado de don Joan padre desta doña Maria" (I, CXV, 494).

En 1333, año en que fue cercado Gibraltar por los moros, don Juan Manuel pidió perdón al rey por los "muchos enojos que le avie fecho", pero todavía se quedó con recelo de él, temeroso de que lo quería matar (*GC*, II, CXXVII 19-20 y CXXX, 18-29). Más tarde, por medio de un escudero del rey que había vivido algún tiempo con don Juan Manuel, se llegó al arreglo de que éste fuera a ayudar al rey a descercar Gibraltar, y para esto le dio el sueldo debido (*GC*, II, CXXXIII,34). Pero el hijo de infante nunca fue a Gibraltar, sino que, con don Juan Nuñez y don Juan Alfonso de Haro, el señor de los Cameros, se quedó en Castilla y se dedicó a estragar la tierra del rey (*GC*, II, CXLVI, 66). De esta suerte el rey Alfonso XI se vio obligado

---

[15] Del amancebamiento de Alfonso XI con doña Leonor de Guzmán véase la *Gran Crónica*, (I, CXI, 487).

[16] El infante don Juan, hijo de Alfonso X y padre de don Juan el Tuerto, se convirtió en señor de Vizcaya al casarse en segundas nupcias (1305) con doña María López de Haro. Ésta había heredado el señorío de Vizcaya de su padre, don Lope Díaz de Haro. Véase la *Crónica del rey don Fernando IV*, capítulos XIII, XIV y XV (*Crónicas de los reyes de Castilla*, Biblioteca de Autores Españoles, Madrid, 1953).

—porque se encontró sin fondos para continuar el descerco y los nobles le estaban robando gran parte del reino— a abandonar Gibraltar y regresar a Castilla. Regresó furioso y dispuesto a castigar a los rebeldes.

Estando Alfonso XI en Villareal, a principios de 1334, le llegó un mensajero con una carta de don Juan Nuñez en que éste le comunicaba que se desnaturaba de él. El rey respondió que ya hacía mucho tiempo se tenía que haber desnaturado, "e mando que le cortasen luego las manos e los pies e que degollasen" al mensajero. Los mensajeros de don Juan Manuel que habían llegado allí también y esperaban su turno para entregar al rey una carta del hijo de infante en que éste trataba de justificarse por no haber acudido a Gibraltar, al ver la suerte que había corrido el mensajero de don Juan Nuñez, "fueronse dende con muy gran miedo", renunciando a transmitir su mensaje.

Don Juan Nuñez estaba cercando la villa de Cuenca, que era del rey, cuando supo del asesinato de su mensajero, por lo que abandonó Cuenca y fue a refugiarse en Lerma, su propiedad, donde pronto llegó el rey en su persecución. El rey dejó allí hombres suyos para que mantuviesen el cerco, y se fue a Vizcaya, donde nunca había entrado, y se apoderó de muchas villas que estaban a nombre de doña Maria, la mujer de don Juan Nuñez. A su regreso se paró en Burgos, y allí interceptó unas cartas de don Juan Alfonso de Haro para don Juan Manuel y don Juan Nuñez, "en que les enbiaua a dezir que non fiziesen avenençia con el rrey e que rrobasen e estragasen la tierra quanto mas pudiesen, que el serie con ellos en su ayuda, e que avn auie fiuzia e prometimiento del governador de Navarra que los ayudaria en aquella guerra" (*GC*, II CLVII 88-89). El rey enseguida mandó por el de Haro, pero éste se excuso de acudir por estar muy enfermo. El rey, por consiguiente, fue él mismo a buscarle; y le acusó de traición y mandó que lo mataran. Alfonso XI regresó entonces al sitio de Lerma, y don Juan Nuñez, ya con mucho miedo, no tardó en pedir una tregua, a la que se avino el rey, porque no quería empobrecer más la tierra. Don Juan Manuel por su parte, ya en 1335, le mandó cartas al rey pidiéndole merced, y el rey se la otorgó (*GC*, CLXII, 99). Pero esta paz tampoco duró mucho.

El rey de Portugal estaba todavía muy disgustado con el amancebamiento descarado del monarca castellano con doña Leonor de Guzmán, puesto que deshonraba a su hija y a él. También quería que doña Constanza Manuel fuese llevada a Portugal para la boda que ya se había concertado con su hijo heredero. En vista de que su viaje lo estaba impidiendo Alfonso XI, "el rrey de Portogal cato manera para aver en su ayuda a los rricos omes de Castilla." Les mandó cartas a don Juan Manuel, don Juan Nuñez, don

Pedro Fernández de Castro y don Juan Alonso de Alburquerque, en que les pedía su ayuda en la guerra que quería emprender contra Alfonso XI. Dichos nobles se pusieron de acuerdo con el rey portugués para hacer guerra al rey castellano, quien, al enterarse enseguida de este pacto en contra suyo, preparó y emprendió una gran campaña de persecución, esta vez firmemente decidido a que "nunca lo dexasse fasta que los tomasse, e sobresto que costasse al rrey lo que costar pudiesse" (GC, II, CLXXVI, 124-125). El rey llegó a Lerma para cercar la plaza el 14 de junio de 1335. Entretanto también tomaba medidas para prender a don Juan Manuel, quien no salía de su castillo en Peñafiel, excepto por una ocasión en que casi fue prendido por los hombres del rey (GC, II, CLXXXVIII, 144). El rey de Portugal, en represalia al cerco de don Juan Nuñez, puso sitio sobre Badajoz, "e mando a todos los suyos que fizieran guerra mala e sin piedad por Castilla" (GC, II, CXCI, 152). En Lerma, don Juan Nuñez se rindió finalmente el 4 de diciembre de 1336, porque ya se le habían agotado las provisiones tras un año y cinco meses de sitio. El rebelde le pidió al rey que les perdonara la vida a él y a los suyos y que los tomara en su servicio, y el rey les mostró piedad y no los mató (GC, II, CXCVII, 163-164).

Antes de rendirse don Juan Nuñez, don Juan Manuel, habiéndose dado cuenta que no podía ayudar a su aliado, que el rey estaba ganando la guerra y que su propia vida estaba en mucho peligro, había logrado salirse de Peñafiel y encubiertamente llegar a Valencia, donde buscó refugio con el rey de Aragón, Pedro IV (quien había sucedido a su padre, Alfonso IV, cuando éste murió en 1335). Desde el exilio, el hijo de infante le escribió al rey castellano una carta, fechada el 30 de julio de 1336, en que se mandaba desnaturar.[17] Pero porque nunca le había gustado estar fuera de su tierra ni deprovisto de su poder, pronto quiso regresar a Castilla. A principios de 1337 su suegra, doña Juana Nuñez de Lara, "la Palomilla", empezó a tramitar una tregua entre él y el rey. Ella envió cartas a Alfonso XI —todavía ocupado con la guerra contra Portugal, que no habría de cesar hasta entrado el año 1338— en que decía que don Juan Manuel "queria venir a la merced del rrey, e que lo serviria bien et leal mente do el quisiese e mandasse" (GC, II, CCI, 175). Esta propuesta le complació a Alfonso XI, y con la Palomilla le mandó una respuesta afirmativa. Y fue así como a principios de 1338 el hijo de infante, acompañado de su mujer y de su suegra, llegó a Cuenca para

---

[17]   Véase la "Carta de desnaturalización de Don Juan Manuel enviada al Rey de Aragón para su registro en la cancillería de este reino. Castillo de García Muñoz, 30 de julio de 1336" (Documento DXXXIX, 622-623, en Giménez Soler).

verse con el rey y firmar la paz. La *Gran Crónica* narra este evento, el sometimiento del último noble rebelde, de esta manera:

> E el rrey rresçibioles muy bien e fizoles mucha honrra, e mostro muy buen talante a don Joan e fizole mucha honrra e fablo con el muy bien, de manera que don Joan quedo muy asosegado en la su merçed. E desde alli adelante quedo muy en paz la tierra e en mucho sosiego; tanto, que los que eran entonçes no cuydaron que lo vernian llegado a aquel estado (II, CCXLVII, 249).

Don Juan Manuel, sin embargo, no se quedó satisfecho con este desenlace que para él significó más una rendición que una reconciliación. Giménez Soler en su biografía del autor resume la nueva situación de este modo:

> Ahora no pudo gloriarse como antes de haber logrado una paz ventajosa; materialmente conservaba sus bienes, pero en Escalona, villa donde nació, y en tres de sus fortalezas, los alcaldes eran vasallos del rey y no suyos; uno de los castillos que labró con dinero de don Sancho, había sido arrasado. Y estas mermas de su poder mermaron considerablemente su influencia y lo sometieron para lo sucesivo al poder real (110).

Este sometimiento final es el asunto doloroso que aparece disfrazado en el *Libro de las armas*. A su luz podemos comprender por qué hubiese querido don Juan Manuel vengarse de Alfonso XI. Como nos explica Orduna, ya no tenía otra arma a la disposición más que la pluma. Con todo, más importante para don Juan Manuel que vengarse era reivindicar su poder perdido, sobreponer al triste desenlace de su sometimiento un desenlace más feliz. La promesa de este desenlace de triunfo estaba enterrada en el pasado; había que recordarla, contarla y, para que no se volviese a olvidar, escribirla.

---

18   Escribe Orduna: "Un intelectual llegado a la vejez, un caballero ya sin fuerzas físicas para sostener su derecho, un vasallo rebelde que debió finalmente someterse a su señor, un príncipe orgulloso que no pudo vengar la afrenta recibida de su rey y que es además un escritor acostumbrado al razonamiento especioso y a la argumentaçión sutil, todavía se siente con coraje para cambiar la espada por la pluma y asestar un golpe íntimo y artero, directamente dirigido al orgullo de linaje, y que perdurará con voz pregonera en los siglos futuros" (259).

IV. Don Juan Manuel y sus historias

Uno de los aspectos más interesantes del *Libro de las armas* es que recoge su contenido de la historia oral.[19] Su contenido se refiere principalmente a acontecimientos que tuvieron lugar entre la fecha del nacimiento del padre del autor (1234?) y la fecha de la muerte de su primo, el rey Sancho IV (1295). Don Juan Manuel naturalmente no fue testigo de una gran parte de estos acontecimientos, sino que le llegó conocimiento de ellos en forma de historias que le fueron contando distintas personas cuando era niño o joven. En el pequeño prólogo al libro lo explica así:

> Ca si quiera bien podedes entender que non pude ver yo lo que acaesçio quando nasçio mio padre, et asi non vos do yo testimonio que bi todas estas cosas, mas oylas a personas que eran de crer. Et non lo oy todo a vna persona, mas oy vnas cosas a vna persona, et otras, a otras (líneas 20-24).

Y ya en el texto don Juan Manuel nombra concienzuda y constantemente —pero no siempre— sus fuentes:

> Digo vos que oy dezir a mi madre, seyendo yo moço pequenno, et despues que ella fino oy dezir a Alfonso Garçia, vn cauallero que me crio, que era mucho anciano et se criara con mio padre et era su hermano de leche, et a otros muchos caualleros et offiçiales que fueron de mio padre, et avn oy ende algo al rey don Sancho;... (38-43).

Estas frases nos proporcionan un dato personal del autor de mucho valor, que de niño se pasaba, de hecho, mucho tiempo escuchando ávidamente historias de su familia. En ello podemos entrever la temprana promesa de que se haría escritor, ya que al que le gustan las historias, tanto escucharlas como contarlas —el autor tenía fama de muy "fablador"—, promete, más que aquel al que no le gustan, escribirlas algún día.

Captamos en el mismo prólogo, sin embargo, otra imagen de don Juan Manuel que hace fuerte contraste con la del niño escuchando historias. Esta imagen es la de él ya viejo, después de su sometimiento, contando a distintas

---

[19] Sobre este tema véase el artículo de Alan Deyermond: "Cuentos orales y estructura formal en el *Libro de las Tres Razones*" en *Don Juan Manuel: VII Centenario* (75-88).

personas estas mismas historias que a él le habían contado cuando era niño. El autor se dirige en el prólogo a Fray Johan Alfonso, de la Orden de Predicadores, quien le habría de guardar el libro en el monasterio de Peñafiel, villa del autor. Nos enteramos que lo que cuenta el hijo de infante en el libro ya se lo había contado previamente al fraile, y éste le había pedido que lo pusiera por escrito: "Frey Iohan Alfonso, yo don Iohan pare mientes al ruego et afincamiento que me fiziestes que vos diesse por scripto tres cosas que me aviades oydo, por tal que se vos non oluidassen et las pudiesedes retraer quando cunpliese" (1-4). Enseguida nos enteramos también que el autor había estado contando lo mismo a otras personas. De aquí lo más curioso: el autor le confiesa al fraile que ha sido él el único que ha querido "saber çierta mente este fecho, lo que non fizieron otros a qui yo conte asi commo a vos" (13-14). Estas pocas palabras son suficientes para captar la situación a la que alude el autor. Los "otros muchos" no habían querido creerle; lo habían tomado por un viejo fanfarrón que, para lamer sus heridas de rebelde vencido, le había dado por contar locas historias de grandeza. En otras palabras, ya ni siquiera tenía don Juan Manuel el poder de hacerse creer. Pero es verdad, en cambio, que si el autor hubiese mantenido intacto su poder, no habría sentido, lo más seguramente, tanta necesidad de andar contando estas historias que le realzaban a él y a su linaje. El poderoso no necesita hablar de su poder; el poder habla por sí solo.

Ahora bien, fue porque los "otros muchos" no habían querido creer su versión oral por lo que don Juan Manuel compuso esta versión escrita. Es decir, escribió el libro a instancias de su amable interlocutor, el fraile, pero también con la resolución de convencer a los incrédulos de que lo que decía era verdad. Era completamente lógico que, vengativo, recurriera a la escritura, cuya arte podía tan bien dominar. En primer lugar, la escritura permite el desarrollo detenido y completo del relato, lo cual no siempre permite el relato oral, que es vulnerable no sólo a las interrupciones sino también al aborto de su desarrollo completo; el interlocutor puede desmentir al locutor o puede negarse a escuchar más y darse la vuelta e irse. Puede que esto mismo le hizo a don Juan Manuel alguno de los "otros muchos". Don Juan Manuel decidió escribir las historias, en segundo lugar, porque la palabra escrita ejercía una tremenda fascinación en el hombre medieval, para quien por ser escritura era ya más verdad. "Era la palabra escrita, impresa, la que ofrecía legitimidad", observa Ruiz Domenec (*La memoria de los feudales*, 214). De hecho, la escritura, todavía privativa de unos pocos, era símbolo de poder y autoridad. Saber la verdad de una cosa era verla escrita en un texto. Don Juan Manuel le estaba agradecido a Fray Juan Alfonso por querer "saber çierta mente este fecho", esto es, no sólo por escucharlo y creerlo, sino también por querer saberlo con más certeza, viéndolo escrito.[20] La escritura servía para ratificar.

Recurrir a la escritura era, en efecto, recurrir a un poderoso instrumento de convencimiento. Don Juan Manuel estaba muy consciente de esto y también, por otra parte, del amplio margen que da la escritura para la manipulación reflexiva de los datos. La escritura permite tiempo para la manipulación, a la vez que esconde, como no lo puede hacer la narración oral, las pausas de reflexión que, en un avanzar y regresar, escribir y leer lo escrito, van poco a poco encaminando el relato al efecto total deseado. En cuanto entremos en el texto, tendremos oportunidad de ver que esto es lo que hizo don Juan Manuel al escribir el *Libro de las armas*. Por tanto, hay una combinación de humor y deshonestidad tras estas palabras que le escribe a Fray Juan Alfonso: "Mas por [que] las cosas son mas ligeras de dezir por palabra que de poner las por scripto, auer me [he] a detener algun poco mas en lo scriuir" (14-16). Esto de haberse detenido "algun poco mas" no es claramente del todo verdad. El autor esconde el hecho de que en realidad le había tomado mucho tiempo escribir el *Libro de las armas*, lo cual podemos ver por el extraordinario cuidado con que está escrito, por la calidad de su prosa, que se iguala a la de su famosa colección de ejemplos, el *Conde Lucanor* (1330-1335). En poco tiempo no pudo haber escrito el *Libro de las armas*, cuyas páginas son, según Giménez Soler, "las páginas de más bella prosa castellana de la Edad Media" (*Don Juan Manuel*, 4).

Con todo, hay tensión en el libro debido a esta preocupación por asegurar credibilidad. Don Juan Manuel dice que escribió el libro en poco tiempo, porque admitir lo contrario habría sido también admitir su ponderación y su manipulación de los datos, trabajo que, a su vez, habría querido decir que su relato no era del todo verdad. En otras palabras, la tensión está entre la necesidad de manipular para convencer y la necesidad de esconder esta manipulación para obtener credibilidad como fiel narrador de los hechos. "Et cred que todo passo assi verdadera mente", repite el autor varias veces en el libro. El autor nombra insistentemente sus fuentes para asentar su credibilidad y dar al libro carácter de documento, de fiel transcripción de las historias y, por tanto, de los hechos, apoyándose en la presun-

---

[20] Con sentido del humor Alan Deyermond hace esta pregunta entre paréntesis: "(¿Es lícito sospechar que el 'ruego et afincamiento' de Fray Juan Alfonso, de que don Juan Manuel le, 'diesse por scripto tres cosas que me aviades oydo', quizás haya sido motivado por el deseo de escaparse de una tercera, o quinta, o décima relación oral?)" (op. cit., 84).

ción de que sus fuentes no le habían mentido; todas ellas eran naturalmente "personas que eran de crer." Sin embargo, ninguno de estos testigos vivía para cuando don Juan Manuel escribió el libro; es decir, no había quien le desmintiera.

Vamos a creer al autor por un momento, creer que pudo y quiso recordar y entregar con precisión y fidelidad el testimonio que los testigos de los hechos le contaron tantos años atrás, y que no añadió ni cambió ni inventó nada en lo que a esto respecta. Con todo, es obvio por otro lado que lo que hizo fue moldear las historias de acuerdo al sentido que quería imponer. Su método es el de la "razón", que en la tradición escolástica es un argumento demostrativo y persauasivo que comprueba algo; es una reunión de pruebas y una lectura "profunda" de los datos, esto es, una exégesis como la que hacían los comentaristas de la Biblia:

> Et non lo oy todo a vna persona, mas oy vnas cosas a vna persona, et otras, a otras; et ayuntando lo que oy a los vnos et a los otros, con razon ayunte estos dichos (et por mi entendimiento entendi que passara todo el fecho en esta manera que vos yo porne aqui por escripto) que fablan de las cosas que passaran; et asi contesçe en los que fablan [de] las Scripturas; [que] toman de lo que fallan en vn lugar et acuerdan en lo que fallan en otros lugares, et de todo fazen vna razon; et asi fiz yo de lo que oy a muchas personas, que eran muy crederas, ayuntando estas razones (23-32).

En esa acción de unir las historias, en los huecos entre las distintas historias, es donde don Juan Manuel vertió el sentido general pensado por él a priori. Pero con simular este método exegético, tenido en su época por científico, daba también un añadido sello de autoridad al relato, que a la vez aumentaba su credibilidad. Por último, para mejor convencer al lector de su veracidad, muestra un desinterés personal en que se le crea, diplomáticamente terminando el prólogo con estas palabras: "Et vos, et los que este scripto leyeren, si lo quisieredes crer, plazernos [a] et si fallaredes otra razon mejor que esta, a mi me plazera mas que la fallades et que la creades" (32-35).

V. *Estructura tríptica y ordenación cronológica*

El *Libro de las armas*, igual que un tríptico, está dividido en tres partes.

Cada parte es independiente, mientras que también guarda una relación con las otras partes. La primera parte, a la que se debe el título de la obra, está dedicada a describir las armas que heredó el autor de su padre, y a explicar cómo y por que fueron divisadas. El otro título por el que se conoce la obra, el *Libro de las tres Razones*, tiene más en cuenta su contenido total, sus otras dos partes o "razones", como las nombra don Juan Manuel. En la segunda razón el autor proporciona una breve historia de su familia para explicar "por que podemos fazer caualleros yo et mios fijos legitimos non seyendo nos caualleros, lo que non fazen ningunos fijos nin nietos de infantes" (6-8). En la tercera razón el autor reconstruye la conversación que él mantuvo, cuando tenía doce años, con el rey Sancho IV en su lecho de muerte. Aunque cada razón está dedicada a comprobar algo distinto, juntas contribuyen a comprobar la superioridad moral del linaje de los Manueles sobre el linaje real.

El orden de las tres razones no es fortuito, sino que están colocadas según una cronología básica, manifiesta sólo tras algún escrutinio, ya que don Juan Manuel no incluyó fechas, salvo en tres lugares. El no incluir fechas le permitió relacionar acontecimientos y hacer algunos de ellos contemporáneos, cuando en el contexto histórico podían haber estado separados por años y no haber tenido relación alguna. La omisión de fechas hizo posible una mayor manipulación de los datos, una mayor libertad para colocarlos donde mejor podían funcionar y participar en el sentido general del relato.

Esquemáticamente la ordenación cronológica es la siguiente. Las anécdotas históricas narradas en la primera razón, y que ocupan su primera parte, remontan al nacimiento del padre del autor y a su crianza, hasta llegar a la edad en que le fueron dadas las armas, a cuya descripción el autor dedica la segunda parte de la razón. La fecha del nacimiento del infante don Manuel es alrededor de 1234, ya que en este año murió su madre, la reina doña Beatriz de Swabia, seguramente de complicaciones del parto de éste su último hijo. La segunda razón, la más intrincada y densa en materia histórica, la más repleta de intrigas, se abre con una referencia al casamiento de Jaime I de Aragón, el Conquistador, con doña Violante de Hungría, que tuvo lugar en 1235.[21] Enseguida se nombran los hijos que tuvieron y los hombres con quienes se casaron las hijas:

---

[21]   Jaime I de Aragón se casó tres veces. Su primera esposa fue doña Leonor, hija de Alfonso VIII, rey de Castilla entre 1158 y 1214, y doña Leonor de Inglaterra. Se casó con ella en 1221 y ocho años después el matrimonio fue anulado —a petición del marido— con la excusa de su estrecho parentesco. Su segunda esposa, esta doña Violante de Hungría, murió en 1251, y Jaime I se volvió a casar algunos años después

Vos deuedes saber que el rey don Jayme de Aragon fue casado con donna Violante, fija del rey de Vngria. Et ovo en ella al rey don Pedro de Aragon et al rey don Jaymes de Mallorcas, et ovo fijas la infanta donna Uiolante, que fue la mayor, que caso con el rey don Alfonso de Castiella; et la infanta donna Blanca, que caso con el rey don Felipe de França, fijo de sant Loys; et a la infanta donna Constança, que caso con el infante don Manuel, mio padre; et a la infanta donna Sancha, que nunca caso (198-205).

Esta introducción, sin embargo, sólo sirve como preparativo a la acción central; explica la relación de parentesco entre los que protagonizan el relato. La acción central se enfoca principalmente en los acontecimientos entre 1251 y 1256, que desembocan en el matrimonio del infante don Manuel con la infanta doña Constanza de Aragón, y en los acontecimientos posteriores de los que el último es la muerte de esta infanta aragonesa. La fecha de la muerte de doña Constanza no se encuentra en ningún lado, pero el autor dice que murió antes que su padre, el rey aragonés, quien murió en 1276. Seguidamente, pero ya quedando fuera de la acción central, don Juan Manuel menciona el segundo matrimonio de su padre con la condesa doña Beatriz de Savoya, del cual fue fruto él. Este matrimonio debió de efectuarse alrededor de 1280-1281, ya que don Juan Manuel, el único hijo de doña Beatriz de Savoya, nació en 1282, como él mismo nos dice inmediatamente después. Siguen dos de las fechas que incluyó, la de su propio nacimiento: "ca yo nasçi en Escalona, Martes çinco dias de Mayo, era de mill et ccc et xx annos", que en nuestro calendario corresponde al año 1282, y la de la muerte de su padre: "et murio mio padre en Pennafiel, Sabbado dia de Nauidat, era de mill et ccc [et xx] et vn anno" (1283). En la tercera razón ya vemos a don Juan Manuel con doce años recorriendo Murcia con sus tropas —y aquí apunto concienzudamente la tercera fecha— en "mill et ccc xxx ii annos" (1294), antes de acudir al lecho de muerte de su primo carnal, el rey Sancho IV, hijo de Alfonso X, quien murió de tuberculosis en los primeros meses de 1295. En suma, el corpus principal de los acontecimientos narrados se instala en el marco temporal de sesenta años aproximadamente, desde la fecha del nacimiento del infante don Manuel hasta la fecha de la muerte de Sancho IV. Y aproximadamente son cincuenta años los que separan a don Juan Manuel, escribiendo el libro, de la fecha de la muerte de Sancho IV.

---

con doña Teresa de Bidaurre, una dama principal aragonesa (Aguado Bleyde, 721).

La primera razón recoge los primeros momentos formativos del linaje, más específicamente, la formalización de su identidad a través de las prácticas representativas simbólicas del nombre y de la heráldica. Pero antes de explicar el significado del nombre Manuel —el nombre de pila de su padre que de manera patronímica pasó a ser el apellido del linaje— y de las armas, don Juan Manuel comienza la razón haciendo referencia a un sueño que tuvo su abuela, la reina Beatriz, estando encinta de su padre el infante. La reina Beatriz, escribe el autor, soñó que "por aquella criatura, et por su linage, avia a ser vengada la muerte de Ihesu Christo" (47-48). Este pronóstico, megalomaníaco y fabuloso desde nuestra perspectiva moderna, responde a la mentalidad de entonces, pues constituía lo más deseable en la escala de los valores cristianos, guerreros y aristocráticos. Según el guerrero cristiano de la Reconquista o de las Cruzadas, combatir contra el infiel significaba vengar la muerte de Jesucristo, venganza que se cumpliría con el triunfo del reino de Dios sobre la tierra. El aristócrata basaba en gran parte su autovaloración en el grado en que contribuía a esta empresa religiosa de dimensión universal. Al identificar su persona con su grandeza, el aristócrata se auto-engrandecía, y también justificaba así su existencia noble. Según el planteamiento del *Libro de las armas*, Dios eligió al linaje de los Manueles para dar nacimiento al que habría de acabar esta misión, la más importante, la de vengar la muerte del hijo de Dios. Habría sido difícil concebir honor más alto que éste para el guerrero cristiano.

Más adelante puede verse que don Juan Manuel propone que ese sueño de la reina Beatriz fue un mensaje divino, cuando menciona el ala que aparece en sus armas. El ala se establece como símbolo del "angel que fue mensajero a la reyna quando sonno el suenno que desuso es dicho" (138-139). De hecho, el autor no menciona el ángel desde un principio, sino después, cuando tiene algo concreto —el ala— que le sirve como prueba. Pero hay una explicación para el ala mucho menos fabulosa. El historiador Ballesteros ha sugerido que lo que realmente quería representar era al abuelo de la reina Beatriz, el emperador de Bizancio, Isaac II Angelos (1185-1195), o "el Angel" como lo llamaban (*Alfonso X el Sabio*, 239).

La postura antidinástica del *Libro de las armas* se revela enseguida cuando don Juan Manuel contrapone este sueño con otro que dice que tuvo la reina estando encinta de su primogénito Alfonso. El autor hace que establezca la comparación el rey Fernando III el Santo, a quien la reina había contado el sueño ligado al infante don Manuel: "et oy dezir que dixera el rey quel pareçia este suenno muy contrario del que ella sonnara quando estava en çinta del rey don Alfonso, su fijo, que fue despues rey de Castiella, padre del rey don Sancho" (49-52). El autor menciona este otro sueño de pasada, disimulando así su intención en lo que sería un ataque al linaje real. Le bastó la alusión a este sueño "muy contrario" para apoyar su planteamiento de que Dios favorecía al linaje de los Manueles sobre el linaje real. Es más, la alusión era suficiente para recrear en la memoria de sus contemporáneos la leyenda negra que había en torno a Alfonso X, la cual fue recogida por el conde de Barcelos, don Pedro Alfonso, en la *Crónica de 1344*, la portuguesa, y más tarde en otros textos.[22]

La leyenda que recoge el conde de Barcelos no incluye ningún sueño présago de la reina Beatriz, el cual parece ser una invención de don Juan Manuel para que encajara mejor en su propio relato. La base de la leyenda es una blasfemia que una vez profirió Alfonso X contra Dios: "estando en Sevilla dixo en plaça que si el fuera con Dios quando fazia el mundo que muchas cosas emendara en que se fiziera mejor" (*Crónica de 1344*, según la copia del Ms. *U.* en el Seminario Menéndez Pidal, Madrid). Tras un tiempo indefinido, Pero Martínez, un caballero que crió al infante don Manuel, y un fraile menor "de muy sancta vida" tuvieron, cada uno por su lado, visiones en que se les apareció "un omne muy fermoso en vestiduras blancas", o sea, un ángel, que les comunicó que Dios, sañudo por la blasfemia del rey, había dado sentencia "por que muriese el rey don Alfonso deseredado e por que ouiesse muy mal acabamiento." La *Crónica de 1344* plantea además que esta desgracia se la había predicho una mujer agorera de Grecia a la reina Beatriz cuando todavía vivía en casa de su padre.[23]

---

[22]   Diego Catalán trata con detalle la leyenda y sus distintas versiones en su libro *El Poema de Alfonso XI*, (Gredos, Madrid, 1953), 60-68.

[23]   Por el interés especial que tiene con relación al *Libro de las armas*, copio la versión de la *Crónica de 1344* de la leyenda negra alfonsina. Me valgo del manuscrito U según copia que se encuentra en el Seminario Menéndez Pidal en Madrid:

"E un dia acontescio que el rey don Fernando e la reyna su muger despues que se levantaron de dormir la siesta demando el rey mucha fructa ensu camara e el ynfante don Alfonso tomo la copa e seruio a su padre e a su madre dando les el vino muy apuesta mente, e la reyna puso los ojos en el e reguardolo con grand femencia e dio vn grand sospiro e començo a llorar e el rey quando tal sospiro vio non lo touo en poco e despues que el ynfante e todos los otros fueron fuera de la camara pregunto el rey a la reyna por que diera aquel sospiro quando viera el ynfante su fijo seruir de aquella copa, e la reyna dixo que lo non fazia por otra ninguna cosa si non que le veniera asi ala voluntad e el rey le dixo que aquello non podia ser mas que le rogaua que en toda guisa gelo dixiese si non que tomaria della tal sospecha que non seria su pro, e la reyna quando que asi la afincaua dixco que lo diria pues su voluntad era delo

Alfonso X, efectivamente, murió desheredado en 1284. Su hijo don Sancho se había rebelado contra él, y con la ayuda de la gran mayoría de los nobles, los obispos, los maestres de las órdenes militares y las ciudades castellanas, tomó las riendas del gobierno en 1282. Sólo las ciudades de

saber: "Sennor", dixo ella, "yo seyendo moça en casa de mi padre e otra mi hermana que auia vn anno menos que yo que auia nonbre donna Malgarida llego y vna muger natural de Greçia donde era mi madre que fue fija de Constantino enperador de Greçia, e ella era muger muy sabidora e preguntaua a mi madre mucho amenudo por cosas de su fazienda e de mi padre e ella dezia las cosas muy çiertas e yo e mi hermana quando esto oymos apartamos la e rogamos le que nos dixiese alguna cosa de nuestra fazienda e que esto non sopiese nuestra madre e ella nos dixo que se temia por que eramos muy moças de la descobrir e nos le prometimos de la non descobrir e ella dixonos que non sofriesemos fasta vn dia çierto e que vernia a nos e quando fue el dia venido vino a nos a vna camara e dixo nos primera mente que nuestro padre auia a morir ante que ninguna de nos ouiese casamiento e despues por tienpo perlados horrados de occidente a mi demandarian para casamiento para vn rey desta tierra e que serie el mas honrrado e poderoso que nunca fuera en Espanna despues que la los godos perdieron e dixome que auia de auer del seys fijos varones e dos fijas e dixome que el primero fijo que auiamos de auer que auia de ser de las fermosas criaturas del mundo e dixo me mas que aquel rey con que auia de casar auia de veuir luenga vida e morir muerte honrrada e despues dela muerte que aquel fijo primero auia de ser rey e que seria avn mas poderoso e honrrado que su padre e asi duraria grand tienpo *e que por vna palabra de soberuia que diria contra Dios auia de ser deseredado de su tierra* saluo a una çibdat en que avia de morir e todas las cosas por las que fasta agora pase de aquello que me ella dixo por nuestros meresçimientos e troxieron me para vos que sodes rey en el poniente e oue los fijos que me ella dixo e agora sennor veo que so prennada e creo que he de morir como me ella dixo e quando agora vi don Alfonso nuestro fijo seruir ante nos tan apuesta mente asi fermoso menbrose me commo auia de ser deseredado por vna palabra e por esto fue dado aquel sospiro que oystes otrosi dixo a mi hermana que despues que casase a poco tienpo auia ella de casar çerca desta tierra con vn duque e pasaria bien su vida con el e asi fue, ca fue casada con el duque de Esterlique e pasa con el bien e honrradamente e por esto sennor he esperanca de morir." E el rey entendio que dezia verdat e dixole que la voluntad de Dios fuese ca por otra guisa non podia ser e la reyna quando fue el parto murio del bien asi commo ella lo dixiera e el rey touole esta poridat que nunca lo dixiese fasta el tienpo que touiese çercada Seuilla e estando en la tienda de don Rodrigo Alfonso cuyo huesped era e ese dia llego a el vn escudero de don Nunno e dixole de la su parte en commo aquellos dineros que le mandara dar en Castilla para el e para los que estauan con el fronteros en Jahen que los tomare el ynfante don Alfonso su fijo e ahun otros dineros que venian para el, e ahun el escudero no acabaua de fablar esto al rey quando llego don Nunno e querellose al rey de aquello mesmo por ante Rodrigo Alfonso e el apartose con ellos a fablar e contoles llorando todas las cosas que la reyna dixiera segund ya ovedes oydo e commo por aquella palabra que auia de dexir contra Dios auia de ser deseredado ca le faria el mayor pesar que nunca le omne fiziera dende la muerte de Jhesu Christo fasta entonce e que esto paresçia muy bien ser verdat por las otras cosas que fazia contra el e contra aquellos que estauan en el seruiçio de Dios.

Sevilla y Murcia se mantuvieron leales al rey. Como observa Diego Catalán, parece ser que la leyenda se desarrolló a posteriori para justificar la rebelión de Sancho IV (*El Poema de Alfonso XI*, 66). Sin embargo, también hay otras dos posibilidades. La primera es que la propagación oral de dicha

---

Commo el rey don Alfonso dixo palabras de grand soberuia contra la voluntad de Dios por que despues fue deseredado.

Dicho vos avemos ya de suso en commo la reyna conto al rey don Fernando todas las cosas que le contara la duenna de Greçia e por que sepades quales fueron aquellas palabras que el rey don Alfonso dixo por que ynqurrio en la sanna de Dios queremos vos lo aqui dezir por que conuiene en este lugar onde deuedes de saber *que despues que el rey don Alfonso regno dezia muchas palabras de grand soberuia que si el con Dios estouiera o fuera su consejero que algunas cosas si lo Dios criyera fueran mejor fechas que commo las el fiziera* e despues a grand tienpo que el rey don Alfonso regnaua *avino asi vn cauallero de Panpliga que auia nonbre Pero Martines e criara el ynfante don Manuel* vio en vision vn omne muy fermoso en vestiduras blancas e dixole commo enel çielo era dada sentençia por que muriese el rey don Alfonso deseredado e porque ouiese muy mal acabamiento e el cauallero preguntole por que era esto que Dios del tal sanna auia e aquel omne que le aparesçio le dixo don Alfonso estando en Seuilla dixo en plaça que si el fuera con Dios quando fazia el mundo que muchas cosas emendara en que se fiziera mejor que lo que se fizo e que por esto era Dios yrado contra el e el cauallero le pregunto si auia y manera alguna por que Dios perdonase este peccado e el omne le dixo que si se arrepintiese de lo que dixiera que luego la sentençia eria reuocada e que le faria Dios merçed *e el cauallero despues que fue mannana partiose de Panpliga e fuese a Pennafiel onde era el ynfante don Manuel* e conto le todo lo que viera e oyera e el ynfante mandole que le fuese dezir al rey que era en Burgos e el cauallero despues que conto al rey todo lo que acontesçiera e dixo el rey que asi era verdad que lo dixiera e lo dezia ahun que si con el fuera en la criazon del mundo que muchas cosas emendara e corrigiera que se fizieran muy mejor que lo que estaua fecho e luego a pocos dias despues andando el rey don Alfonso por la tierra llego a Segouia e era y vn frayre menor omne de Sancta vida al qual Dios reuelara aquella mesma vision que fuera mostrada al cauallero e vino al rey e dixole que fiziese penitençia delos peccados que auia fechos e que faria su pro e mayor mente de aquellas malditas e descomulgadas palabras conplidas de mucha soberuia e dichos con grand presunpçion e vanidat las quales dixiera muchas vezes plaça diziendo que si fuera consejero de Dios quando fiziera el mundo e lo quisiera creer que lo fiziera mejor que lo fizo sinon que non dubdase que Dios sobre el non mostrase el su poder e el rey respondiole con vulto yrado e palabras de sanna e dixo yo digo verdat enlo que digo e porlo que vos dezides tengo vos por nesçio e por sin saber e el frayre partiose delante del e fuese luego e esa noche siguiente enbio Dios tan grand tenpestad de relanpagos e truennos que esto era vna grand marauilla e enla camara onde el rey yazia conla reyna cayo vn rayo que quemo las tocas a la reyna e gran parte delas otras cosas que estauan en la camara e quando el rey e la reyna esto vieron sy ouieron grand miedo esto non es de preguntar ca salieron de la camara tan espantados que de todo pensaron de ser muertos e el rey començo de dar grandes bozes e dezir que le fuesen por aquel frayre mas la tenpestad era tan grande que non era y omne que osase salir de casa e vno de las sus guardas caualgo en vn cauallo e fuele por el e por que el frayre non queria venir fizole el guardian venir mas en todo

---

leyenda pudo haber comenzado con el infante don Manuel, gestándose la rebelión, tal como podemos entrever en la *Crónica de 1344*. El infante don Manuel está demasiado metido en la leyenda (el caballero que tuvo la visión había criado al infante, y fue a éste a quien se lo fue a contar inmediatamente) para no sospechar su participación en la difusión de la leyenda, especialmente si recordamos que fue el infante don Manuel el que capitaneó a los rebeldes que apoyaron al infante don Sancho en contra de su padre el rey Sabio. La segunda posibilidad fue propuesta recientemente por Diego Catalán: puede ser que fue el mismo don Juan Manuel el que se lo contó al conde de Barcelos en alguna ocasión. El conde de Barcelos, un hijo bastardo del rey portugués don Dionis, pasó cuatro años, de 1317 a 1321, exiliado en Castilla y muy metido en la corte de este reino, por lo que, como observa Cintra, el editor de la *Cronica de 1344*, tuvo que haber conocido bastante a don Juan Manuel. Según Cintra, el conde también estuvo en Castilla en 1340, o sea, la época en que don Juan Manuel andaba contando más sus historias.[25] En todo caso, las tres posibilidades no se excluyen, sino que se

---

esto non quedaua la tenpestad e despues que el frayre llego al rey apartaronse amos a fablar de confesion e asi commo se el rey yua arrepintiendo e tomando penitençia asi se yua el cielo cerrando e quedando la tenpestad e otro dia pedrico el rey e confeso publicamente aquel peccado de blasfemia que dixiera contra Dios e tal miedo ouo el rey de aquella tenpestad que por fazer emienda a Dios enbio allende el mar sus mensajeros con grand aver por le traher el cuerpo de Sancta Barbara pero non lo pudo aver e en este anno que esto acontesçio se començo al rey todo su mal fasta que murio segund que oyredes en su estoria mas dexaremcs aqui de fablar desto e tornaremos al rey don Fernando."

[24] "E dende (Sancho) vinose para Valladolid, e fallo y a la reina dona Violante, su madre, que le estava y esperando, e plaçiele mucho por esta voz que tomara contra el rey don Alfonso, su marido; e deque y llego, fueron juntados con el los de la tierra e los ricos omes que andaban fuera; e acordaron todos que se llamase rey el infante don Sancho, e que le diesen todos el poder de la tierra, el el non lo quiso consentir que en vida de su padre se llamase rey de los sus reinos. E sobre esto ovieron su acuerdo, e acordaron que le mandasen dar las fortalezas todas, e que le diesen la justicia e el aver de la tierra. *E esta sentencia dio el infante don Manuel, hermano del rey don Alfonso, estando en las cortes en Valladolid; e diole luego el infante don Sancho por heredamiento a Chinchilla, e Xorquera, e Almansa, e Aspe. e Beas"* (*Crónica del rey don Alfonso Decimo*, LXXVI, 61).

[25] Escribe Cintra en su "Introdução" a la *Crónica General de Espanha de 1344*: "Não se pode, ainda a este respeito, esquecer que, na época em que D. Pedro esteve em Castela, vivia, tão depressa na corte como afastado dela por causa do seu cáracter turbulento e ambicioso, o maior prosador da Idade Media castelhana, D. João Manuel. D. Pedro não pode deixar de o ter conhecido" (CL). Aquí se refiere Cintra a los años de 1317 a 1321. En la nota al pie de página (61) menciona que el conde también estaba en Castilla en 1340.

refuerzan: como expresión de la política antidinástica, la leyenda anti-alfonsí fue nutrida desde el principio por el infante don Manuel, quien apoyó la rebelión de Sancho IV, y después por su hijo don Juan Manuel.

VII. *El nacimiento. el bautizo y el nombramiento del infante don Manuel*

Tras mencionar estos dos sueños don Juan Manuel pasa a narrar el nacimiento de su padre el infante. El hecho de que nació varón se presenta como prueba de que el sueño que tuvo la reina Beatriz fue, en efecto, mensaje de Dios, quien al anunciar el nacimiento de un linaje anunciaba necesariamente el nacimiento de un varón. Como segunda prueba de que este niño era hijo especial de Dios, el autor observa que habían pasado muchos años desde la última vez que la reina Beatriz había "acaeçido", es decir, se había embarazado. Los reyes "eran ya commo desfuzados que non abrian mas fijos" (59-60). Es cierto que era consensus general en ese entonces que los hijos los mandaba Dios; pero en el caso del infante don Manuel se sugiere que hubo más intervención que lo normal. Como en los casos bíblicos de Isaac, hijo de la muy vieja Sara, Juan Bautista, hijo de Isabel, quien era estéril, e incluso Jesús, hijo de la Virgen María, el infante don Manuel fue concebido, se entiende, por obra muy especial de Dios. La intención de don Juan Manuel es divinizar el nacimiento de su padre, atribuirle una causa sobrenatural.

El autor hace algo parecido con el nombre de su padre, Manuel, para el que proporciona un significado religioso de mucha trascendencia, conforme al contenido del sueño:

> Et el obispo, sabiendo el suen[n]o que la reyna sonnara por voluntad de Dios, dixo al rey et a la reyna que si por bien touiesen, que era bien de le poner no[n]bre que feziese a lo que daua a entender aquel suen-no. Et por ende quel pusiesen nonbre Manuel, en que a dos cosas: la vna, [que] es vno de los nonbres de Dios; la otra, que Manuel quiere dezir "Dios conusco". Pues dase a entender que si tanto bien avia de venir en la christiandad et en la nasçencia deste infante, que era poder del nonbre de Dios, et que Dios era conusco (68-76).

Esta es una afortunada coincidencia de la que se valió don Juan Manuel para apoyar su planteamiento del destino mesiánico de su linaje, ya que, en efecto, este es el doble significado del nombre Manuel. Dice la Biblia: "He aquí que una virgen concebirá y parirá un hijo, y se le pondrá por nombre 'Emmanuel' que quiere decir "Dios con nosotros'" (*San Mateo*, I, 23). Pero, como han observado los historiadores Ballesteros y Lomax, cada uno por su lado, hay otra explicación más prosaica para la elección del nombre Manuel, un nombre claramente exótico en la familia real castellana. Ballesteros observa que un ascendiente del emperador Isaac Angelo, abuelo de la reina Beatriz, era el emperador Manuel Cormeno, y que seguramente por éste fue nombrado el infante (*Alfonso X el Sabio*, 239). Lomax corrige a Ballesteros, señalando que el infante fue nombrado por otro Manuel, por Manuel Angelo, el hijo de Isaac Angelo y tío de la reina Beatriz. Lomax basa su afirmación en el hecho de que Isaac Angelo no sólo no fue descendiente de Manuel Cormeno, emperador de Bizancio entre 1143 y 1185, sino también fue quien le usurpó el trono en 1185, por lo que las dos familias eran enemigas ("El padre de don Juan Manuel", 165).

VIII. *Las armas de los Manueles*

Con la explicación de las armas que sigue se entra de lleno en el al campo simbólico, un campo que permite gran libertad de interpretación, lo que aprovechó don Juan Manuel para ensalzar su linaje hasta el máximo. El símbolo es flexible en que puede representar varias cosas o ideas, y cada cosa o idea puede a su vez tener varios significados simbólicos. Más aun, el símbolo no sólo permite una libertad de interpretación sino también, según Jung, una liberación personal de circunstancias demasiado fijas y constreñidas (*Man and his Symbols*, 6). A la luz de que don Juan Manuel no estaba satisfecho con ser hijo de infante, esta incursión suya en el campo simbólico significó una liberación del estado en que estaba confinado. Con el símbolo no hay barrreras; a través de él se puede volar, figurativamente, hasta las alturas y por dondequiera. "El símbolo", escribe Fernando Savater, "no es el lugar natural del hombre, sino la constatación de que no tiene un solo lugar, y gracias a eso puede trasladar el sentido hasta hacerse dueño de todos los lugares" (*La Tarea del héroe*, Taurus ediciones, Madrid, 1983, 239). Esto es lo que hace don Juan Manuel al explicar el significado de los símbolos dibujados en sus armas, es decir, su escudo: escala las alturas del poder.

Conforme a su planteamiento inicial, el autor propone que las armas que heredó de su padre fueron divisadas por Dios, y que la interpretación que proporciona de sus símbolos es la inherente a ellos. Según el relato, el rey Fernando le pidió al obispo de Segovia, el mismo que había nombrado y bautizado al infante, que divisara, cuando el infante llegó a la edad para ello, sus armas. El obispo, que en el intervalo de estos años había sido nombrado Arzobispo de Sevilla, "demandol plazo a que cuydasse sobrello"; y añade don Juan Manuel de una manera subrepticia, "et tienen que esto fue por auer tiempo en que rogase a Dios quel endereçase en aquello que el rey le dixiera" (97-99). Y continúa: "Et de que el plazo bino, deuisol estas armas commo las nos agora traemos" (99-100). Se sugiere, notemos, que en este plazo entre la petición del rey y la división de las armas el arzobispo consultó con Dios sobre qué armas otorgar al infante. Aquí tenemos otro caso extraordinario de intervención divina.

Las armas, según nos las describe en detalle el autor, están divididas en cuarterones blancos y "bermejos" (rojos) "asi derechamente commo las traen los reys" (100-102). En vez de llevar en los cuarterones rojos (arriba izquierda y abajo derecha) los castillos que llevan los reyes de Castilla y León, hay "vna ala, et de oro, con vna mano de omne en que tiene vna espada sin bayna" (103-105). En cada cuarterón blanco hay un león, igual que en el escudo de los reyes. Lo que estas armas plantean obviamente es que el linaje de los Manueles es por una parte "fechura de reyes", y por otra una casa aparte, la de los Manueles, de allí la mano, el ala y la espada, los signos distintivos. El heraldista Lozoya ha comentado que el ala puede ser recuerdo del linaje de los Angelo y que se incluyó la mano para componer junto con el ala un jeroglífico, compuesto por la palabra latina para mano, "manu", y la palabra francesa para ala, "ail". "Manu" + "ail" construye fonéticamente el nombre Manuel ("La heráldica medieval en la monarquía castellano-leonesa", 30). La explicación de don Juan Manuel es mucho más sofisticada y compleja. En primer lugar, está saturada de los valores del reconquistador. En segundo lugar, a cada símbolo se le da varios significados que a su vez se relacionan con los significados de los otros símbolos.

Don Juan Manuel empieza con la espada, "la primera cosa que va en el quarteron" rojo, y el arma por excelencia del guerrero. Significa para él tres cosas: "la primera, fortaleza, por que es de fierro; la segunda justiçia, por que [corta] de amas las partes; la terçera, la cruz" (111-114). Las tres las relaciona enseguida con la Guerra Santa contra el infiel. La fortaleza es para vencer a los que "non cren la verdadera fe de Ihesu Christo" (116). Se necesita de la justicia (ser justo y tener una causa justa) para merecer la gracia de Dios, indispensable para vencer al infiel. La cruz es Cristo crucificado, "que por redemir los pecadores non dubdo de tomar muerte en la cruz" (121-122). Es por Cristo que se pelea, y el guerrero "deue tener que en ninguna manera por recelo de la muerte non deue dexar de fazer quanto pudiere en ensalçamiento de la sancta fe catholica" (124-127). El rojo del fondo es el "canpo de sangre, que significa muchos esparçimientos de sangre en seruiço de Dios et en onrra et ensalçamiento de la sancta fe catholica" (148-150). A la mano sólo le da un significado; es el miembro que "faze todas las obras" y representa la sabiduría necesaria para acabar la Reconquista. Viene el ala después, y para ésta, como para la espada, don Juan Manuel proporciona varios significados. Además, con el ala cambia la orientación de la descripción de las armas de ensalzar la Reconquista a ensalzar el linaje de los Manueles. El autor pasa de un significado a otro, y todos ubican al linaje en el plano más alto de la gloria y del poder. El ala significa el ángel que apareció en el sueño que tuvo la reina Beatriz. También significa que el linaje "es parte de linage de los enperadores" (139-140). El ala representa asimismo el águila "que buela et puede sobir en alto" (141). Y puesto que el ala es de oro, también "significa grant poder et grant riqueza et gran auantaja de las otras gentes, asi commo el oro a grant avantaia de los otros metales" (141-144). Don Juan Manuel hace lo mismo con el símbolo del león. No solamente quiere decir que el linaje desciende de los reyes de León, sino también "da a [en] tender que asi commo el leon es sennor et mayoral de las otras animalias, que asi este linage deue aver auantaja et sennorio de las otras gentes para acabar el seruiço de Dios" (155-158). El campo blanco en el que está puesto el león "es significança de folgura et de paz" (167-168), que contrasta con la guerra y la sangre que representa el campo rojo. La "folgura et la paz" significan a su vez el gran estado de "onrra et riqueza et poder" que tendrá el linaje después de pasar por el campo rojo de sangre y guerra en "ensalçamiento de la sancta fe catholica" (168-172).

Vemos, pues, que los símbolos de las armas componen un jeroglífico que cuenta una historia escrita ya en el plan divino para el curso de la Historia. Si bien el *Libro de las armas* es un relato del pasado, es al futuro al que apunta. El sueño de la reina Beatriz y los símbolos de las armas prefiguran lo que está ya predestinado, la consumación de la Guerra Santa. Y será del linaje de los Manueles el honor de acabar la Reconquista. Escribe don Juan Manuel, "pero el que este seruiço de Dios a de acabar, Dios lo sabe; et digo vos que non tengo a mi por tal que yo meresça seer aquel" (182-184). Ya ha demostrado, no obstante, que este "aquél" será de su linaje y no de otro. Y por este altísimo servicio que prestará a la cristiandad, el linaje recibirá la recompensa de ocupar la cúspide de la honra, la riqueza y el poder. De aquí entendemos también que si fue la voluntad de Dios el que el linaje no ocupase el trono, también ha sido siempre su voluntad conducirlo a gloria mucho más alta.

No podemos desechar esta explicación que nos proporciona don Juan Manuel de sus armas como pura invención. Hay que recordar que el infante don Manuel fue hijo de Fernando III el Santo, bajo cuyo reinado (1218-1252) tuvo la Reconquista de Andalucía sus mayores adelantos. El que al hijo se le asignaran armas que le exhortasen a seguir la ejemplaridad religiosa y bélica de su padre era esperado. Ahora bien, es seguro que don Juan Manuel estiró, exageró y embelleció el significado a fin de enaltecerse a sí mismo y a su linaje. También hay que tomar en cuenta que Fernando III murió en 1254 convencido de que la consumación de la Reconquista estaba muy cerca (Córdoba fue conquistada en 1236, Murcia en 1243, y Sevilla en 1248), pero para consternación general no fue así. Por varias razones Granada no fue conquistada, como es bien sabido, hasta 1492. Este hecho fue bastante criticado fuera de la península, e incluso dentro de la península se expresaba, en unas épocas más fuerte que en otras, la verguenza que se sentía por este aborto de la Reconquista. Don Juan Manuel toca esta area sensible al orgullo del linaje real al plantear que será de su linaje el que acabe lo que no habían podido acabar ellos.

IX. *La tribu de Judá e introducción a la razón II*

En muchos instantes el mismo *Libro de las armas* pide una lectura como la que pediría un jeroglífico. Encontramos, por ejemplo, que don Juan Manuel establece con una frase en particular la relación que tiene la segunda razón con la primera. La frase en cuestión recapitula el mensaje de la primera razón y prefigura el contenido de la segunda; y sólo a la luz de esta frase es como esta segunda razón cobra su significado entero en relación a la primera. La frase está al final de la descripción de las armas, cuando el autor está explicando el significado del león:

> Et en canpo vermejo, que es sen[n]al de sangre et de vençimiento, mantener le ha el leon, que es significança del leon de [1a] tribu Juda, que es Hemanuel, et del león de los reys onde uiene este infante; [et] el et los que de su linage vinieren, mantener lo an a la fin en estado de paz et de folgura; onde se entiende que los deste linage an de pasar por muchos trabajos et por muchas lazerías (172-178).

Vemos que don Juan Manuel se vale del símbolo del león para equiparar su linaje con la tribu de Judá; de las doce tribus del pueblo de Israel, la de Judá tenía el emblema del león. La equiparación refuerza el mensaje de la primera razón, puesto que, según el relato bíblico, Dios eligió a la tribu de Judá para que reinara sobre las demás tribus de Israel, y para que de entre ellos naciera Jesucristo, el Mesías:

> A tí Juda te alabarán tus hermanos. / Tu mano pesará sobre la cerviz de tus enemigos./ Postraránse ante ti los hijos de tu padre./ Cachorro de León, Juda, de la presa subes, hijo mio./¿Quién le hostigará para que se levante?/ No faltará de Judá el Cetro/ ni de entre sus pies el báculo/ hasta que venga aquel cuyo es / y a él darán obediencia los pueblos (*Génesis*, 49, 8-10).

Claramente la inferencia es que el linaje de los Manueles, igual que la tribu de Judá, es el linaje que ha elegido Dios para reinar sobre los demás y para dar nacimiento a un mesías que vengue la muerte del Mesías. Sin embargo, entretanto, al igual que el pueblo israelita, este linaje tendrá que pasar "por muchos trabajos et por muchas lazerias". En la segunda razón don Juan Manuel recoge los trabajos y "lazerías" por los que pasó el linaje en la primera generación, en la de su padre. A éste lo presenta como víctima, y a Alfonso X, con quien colabora su mujer doña Violante, como el hostigador de los agravios y las injusticias. Es de esta manera, entonces, como don Juan Manuel se explicó, con tal de consolarse, sus propios trabajos y "lazerias", ocasionados principalmente por Alfonso XI. Se los explicó buscando para ellos antecedentes, y colocándolos como pasaje transitorio y necesario y querido por Dios, al cabo del cual a los suyos les aguardaba poder llegar a la tierra prometida, por así decirlo, al estado de poder que les correspondía.

La segunda razón está dedicada a explicar "por que podemos fazer caualleros yo et mios fijos legitimos non seyendo nos caualleros, lo que non fazen ningunos fijos nin nietos de infantes." Esto nos lo dice el autor dos veces, una en el prólogo y otra al principio de dicha segunda razón. No obstante, don Juan Manuel no aborda este tema hasta el final de la razón. Además, cuando lo aborda por fin, parece que no tiene ninguna relación con el relato que le antecede. En otras palabras, el título de la razón no corresponde al relato; sólo corresponde al final de la razón, una vez concluido el relato. El final de la razón es, de hecho, bastante independiente. Cada cual por su lado, el final y el relato, aportan un mensaje distinto. No obstante, estos dos mensajes distintos no se contradicen; al contrario, se complementan.

El verdadero objetivo del relato es explicar cómo Alfonso X escamoteó al padre del autor la posesión del reino de Murcia. Con su relato don Juan Manuel transmite este doble mensaje: que él debió de haber nacido rey, y que el reino de Murcia debía de haber sido suyo y de su linaje. Hubiese sido demasiado osado ponerle a la razón un título que correspondiese plenamente a este doble mensaje. Don Juan Manuel tenía que ser más sutil. For esto le puso a la razón el título que le puso. El título, sutil ciertamente, se refiere a un asunto que en primera instancia aparenta no tener la importancia que tiene. Lo muy importante que es sólo lo descubrimos al final; el defender su derecho y el de su linaje a poder armar caballeros sin ser ellos caballeros es también defender su derecho a ser independiente, a no tener que obedecer ni depender de ningún rey. Con este fuerte mensaje concluye el autor la segunda razón. Este mensaje final se complementa con el doble mensaje del relato. Los tres forman el sueño de poder que obsesionó a don Juan Manuel toda la vida. Veremos en qué forma se expresan estos mensajes tras comentar primero el relato en sí. El comentario va acompañado de notas históricas que han sido incluidas no sólo para ayudar a identificar a los individuos mencionados y situarlos en su contexto, sino también para proporcionar datos que complementaran la versión de don Juan Manuel, sea de forma contradictoria, sea de forma coadyuvante. (Donde hay mayor peligro de confundir esta información extra-textual con el texto del autor, las notas se colocan entre paréntesis).

Son seis los personajes principales del relato. Aparecen en él los tres hermanos, hijos de San Fernando: Alfonso X, el infante don Manuel y el infante don Enrique. (El infante don Enrique era nueve años menor que Alfonso X, quien nació en 1221, y aproximadamente cuatro años mayor que el padre del autor).[26] Figuran también dos de las hijas de Jaime I de Aragón, doña Violante, la mayor, quien en 1246 se casó con Alfonso X (infante todavía), y doña Constanza, quien fue desposada con el infante don Manuel algunos años después. El sexto personaje principal es el mismo Jaime I de Aragón. Su mujer, doña Violante de Hungría, figura muy poco en el relato.

Los seis se definen o como malos o como buenos. Alfonso X y su mujer son los malos y manejan expertamente el arte del engaño. Todos los demás personajes son buenos y caen víctimas de la maldad y la falsedad de los reyes castellanos; es decir, son los engañados. Jaime I, hombre "bueno et leal", es engañado por su hija doña Violante. El infante don Enrique y el infante don

---

[26]   En la nota 10 se nombran los hijos de Fernando III y la fecha de su nacimiento.

Manuel son engañados, cada uno por su lado, por su hermano el rey. El infante don Enrique pierde a su amada, la infanta doña Constanza, su prometida, antes de que llegara a casarse con el infante don Manuel, y también pierde el reino de Niebla. El infante don Manuel no consigue el reino de Murcia y pierde a su esposa, quien es envenenada por su hermana, la reina de Castilla. El relato va enlazando estas acciones maliciosas de los reyes castellanos una tras otra, y termina con la más trágica, el asesinato de la bella e inocente infanta doña Constanza.

X. *De un caso de envidia a un caso de amor*

La envidia que le tenía la infanta doña Violante a su hermana menor es el punto de partida del relato. La infanta doña Violante, escribe don Juan Manuel, "quería muy grant mal a la infanta donna Constança, su hermana, segund oy dezir, por grant envidia que avia della; ca, segund dizen, al su tiempo non avia mas fermosa muger en ninguna tierra, et su madre amaba la mucho, et depagauase muy fiera mente de donna Violante" (240-244). Esta envidia data de cuando eran todavía niñas en casa de su padre. Por ello a la reina madre le dio miedo de que su hija mayor, ya reina de Castilla — (Alfonso X fue proclamado rey en 1252) — "guisaría la muerte" de su hermana "por quantas partes pudiese" (245-248). De ahí que, antes de morir, hiciera que su esposo, Jaime I, le "iurase que non casase a donna Constanca si non con rey" (246-252).

Tras mencionar esta envidia que tenía una hermana a la otra, don Juan Manuel hace una referencia a la contienda que en ese entonces había entre Aragón y Castilla: "Et después que la reyna murio, acaesçio asi: que se leuanto grant contienda entrel rey don Alfonso de Castiella et el rey don Jaymes de Aragón, seyendo el rey de Castiella casado con su fija" (255-257). (Esta contienda es la que tuvo lugar entre 1253 y 1256. Al morir el rey francés de Navarra en 1253, Alfonso X se propuso anexionar Navarra a Castilla, propósito al que se opuso Jaime I).

Eje del relato es el alboroto interno en Castilla que menciona el autor inmediatamente después: "Otrosi, alboroçaronse contral rey de Castiella el infante don Anrique, su hermano, et don Diego, sennor de Vizcaya" (258-259).

(El infante don Enrique fue el más rebelde, el más "bolliçioso" de los hermanos de Alfonso X. Ya años antes de que su hermano subiera al trono, se había gestado su rebeldía. En 1246 desobedeció la orden de su padre de prestar pleito homenaje al legítimo sucesor. Como consecuencia de ello, en el repartimiento que hizo Alfonso X, ya rey, en 1253, el infante don Enrique fue de los menos favorecidos. De aquí su mayor desavenencia con el rey, y el que tramara una conjuración contra sus derechos monárquicos [Ballesteros, *Alfonso X el Sabio*, 106-111]. Por su parte, don Diego López de Haro —hijo de don Lope Días de Haro, el conquistador de Baeza y Córdoba— había sido alférez de Fernando III en los últimos años de su reinado, y también lo fue con Alfonso X, pero sólo durante los primeros dos años de su reinado. En 1254 se despidió descontento del rey. Éste le había desapoderado de su señorío de Vizcaya y lo había entregado a su todopoderoso favorito don Nuño González de Lara [*Alfonso X el Sabio*, 106-106]).

Estos dos rebeldes se aliaron, escribe el autor, "et ayuntaronse con el rey de Aragon, et fueron las vistas en Maluenda, vna aldea de Calataud, et pusieron pleito contra el rey de Castiella" (259-261).

(Esta entrevista secreta tuvo lugar a comienzos de 1255. Pero, como observa el historiador Ballesteros, don Juan Manuel comete en este detalle de su relato una equivocación. Don Diego López de Haro no pudo haber asistido, porque había muerto el año anterior an Bañares, abrasado en un baño. Pudo haber asistido en su lugar, observa Ballesteros, su mujer, doña Constanza de Bearne, en nombre de su hijo don Lope Díaz de Haro [*Alfonso X el Sabio*, 112-113]. Este mismo se vio algunos meses después con Jaime I en Estela, Navarra, donde le prometió alianza contra Alfonso X. Con esta intención se fue al norte e hizo guerra a Castilla en las fronteras [Ballesteros, 114]).

En este punto del relato se establece el empalme con lo anteriormente contado sobre la infanta doña Constanza de Aragón. Según don Juan Manuel, en esta entrevista en Maluenda el infante don Enrique pidió a Jaime I "la infanta donna Constanca en casamiento" (262). Sólo más tarde en la narración nos enteramos de que el infante don Enrique por estas fechas había ya visto y hablado con la infanta en secreto, con la consecuencia de que se enamoró perdidamente de ella. Don Juan Manuel incorpora este relato de amor con simpatía obvia:

> Et oy dezir a otros que quando don Anrique se biera con el rey de Aragon en Maluenda, que por auentura oviera entre don Anrique et la infanta encubierta mente palabras de casamiento, ca sin dubda ellos se amauan mucho el vno al otro. Et avn me dixieron que yendo la ynfanta de vn lugar a otro, que fue el infante don Anrique, desconocido,

cabo ella en el lugar del omne que la leuaua las salidas; et asi fue fablando con ella bien tres leguas. Onde paresçe que razón avia de sospechar que pudiera aver entre ellos algunas palabras de casamiento (338-346).

Volviendo al curso del relato tal como don Juan Manuel lo cuenta, la respuesta que el rey Jaime I dio a la petición de don Enrique incluiría una explicación de la promesa hecha a su mujer doña Violante a que se había hecho mención: "Et el rey de Aragon dixo que gela daria de buena mente, saluo por la jura que avia fecha; et finco el pleito entrellos que si don Anrique pudiesse auer algund reyno, quel daria la infanta, su fija, muy de grado" (263-266). Don Enrique, entonces, dispuesto a conquistar la infanta, se propuso conquistar un reino, y fue contra Niebla, "que era reyno de moros, et çercola; et teniendola por tomada, enbiolo dezir al rey de Aragon, que pues reyno avia, quel diese su fija, segund le prometiera, et el rey de Aragon dixo quel plazia" (267-270).

(Niebla, en efecto, al contrario que las tierras a su alrededor, estaba en estos años todavía por conquistar, formando un islote musulmán en el suroeste de la península. Que el infante proyectara la conquista de este pequeño reino es muy posible, dada la proximidad de la ciudad a sus tierras señoriales; pero que hubiese ido y lo hubiese cercado ya no es tan seguro. Ballesteros opina que nunca llegó a Niebla, que en el camino se topó con la resistencia de don Nuño González de Lara [*Alfonso X el Sabio*, 113]. Lo que sí que se sabe es que por estas mismas fechas (1255-1256) el infante don Enrique se apoderó de Lebrija, que, junto con Jerez, Arcos y Medina, le había dado su padre como premio por su participación en la conquista de Sevilla [*Alfonso X el Sabio*, 115]. Alfonso X, en 1253, había entregado estas tierras en fialdat al Maestre y a la Orden de Calatrava, con lo que el infante don Enrique había quedado prácticamente desheredado [*Alfonso X el Sabio*, 109]).

XI.   *Una boda cancelada y otra concertada*

Según el relato de don Juan Manuel, el infante don Enrique tenía cercada a Niebla, y sólo faltaba ahora que el rey Jaime I cumpliera su promesa. Pero es aquí cuando interviene la reina de Castilla, doña Violante, a quien el autor pinta como falsa y experta en el arte del engaño. Ella acude a Calatayud donde estaba su padre, y le pide llorando que no case a su hermana con el infante don Enrique, ya que con ello vendría daño al reino de Castilla. El autor desarrolla con detalles dramáticos la escena en que la reina monta un escándolo para obtener el apoyo de su padre:

> Et estando el pleito en esto, entendiendo el rey de Castiella et la reyna donna Violante, su muger, que si este casamiento se fiziese que les era muy grant danno et grant mouimiento en su regno, oy dezir que tomara la reyna donna Violante al infante don Fer(r)ando et a la infanta donna Bere(n)guela, que eran ya nacidos, en vna azemila et ella en otra, et vn capellan consigo, et fuese para el rey don Jaymes, su padre, a Calataud. Et quando fue çerca de la villa, enbiol dezir con vn omne de pie que su fija donna Violante, non se llamando reyna, que se venia para el con sus nietos. El rey, quando lo oyo, fue muy marabillado et salio contra ella; et quando la fallo, cuydando que era alguna destas cobigeras del rastro de la reyna, non paro mientes por ella. Et ella, de que vio al rey su padre, dexose caer de lla bestia en que venia, dando muy grandes vozes. Et el rey, quando la vio (et) entendio que era la reyna, su fija, fue muy marabillado por la manera en que vinia, et alli non quiso mas fablar con ella.
>
> Mas de que fue ella posada, preguntol si era viuo el rey, su marido; et ella dixol que viuo era, mas que pues el, seyendo su padre, le queria tomar el reyno a ella et a sus fijos, que se querian venir para su casa: que mejor le era, pues el reyno avia a perder, estar en casa de su padre que non en tierra estranna. El rey fue desto muy marabillado et preguntol por que lo dezia, et ella dixole que pues el queria dar su hermana a don Anrique, que fiziese cuenta que el rey, su marido, et ella que avian perdido el reyno (271-294).

Esta visita de la reina Violante a Calatayud sucedería a finales de 1255 o a principios de 1256. Jaime I se había desplazado allí con la intención de hacer guerra contra Castilla, mientras que don Lope Díaz de Haro capitaneaba la campaña en el norte (*Alfonso X el Sabio*, 115-118). Podemos suponer que la misión diplomática de doña Violante fue principalmente la de arreglar una reconciliación entre su padre y su marido. Don Juan Manuel, sin embargo, hace que aparezca esta intervención de la reina motivada únicamente por su deseo de impedir el casamiento del infante don Enrique con su hermana doña Constanza. Obviamente, esta unión matrimonial habría puesto en peligro a Castilla, ya que habría consolidado la alianza entre el rey aragonés y el infante rebelde, y es natural que Alfonso X estuviera interesado en impedirla. Por otra parte, cabría pensar con Giménez Soler, escéptico de la malquerencia que don Juan Manuel dice que tuvo la reina doña Violante hacia su hermana, que la reina castellana, no por odio sino por amor a su hermana, quisiera impedir que ésta se casara con un hombre tan poco de fiar como el infante don Enrique (*Don Juan Manuel*, 692). Comoquiera que hubiese sido el caso, lo que sí sabemos es como quiso don Juan Manuel que se viera y se recordase. Sus simpatías están obviamente del lado del infante don Enrique, a quien no hace ninguna crítica. Por otro lado, no duda en calificar el comportamiento de la reina doña Violante de "tan fondo enganno et tan grant maestria" (295-296).

En este punto del relato se nos hace patente la conexión existente entre esta serie de eventos y el infante don Manuel. Jaime I le recuerda a su hija que "el non podia casar a la infanta donna Constança, su fija, sinon con rey, segund la jura que fiziera a la reyna, su muger" (300-302). En vista de ello, doña Violante propone como alternativa, y su padre la acepta, que case a la infanta doña Constanza con el infante don Manuel, y cobre el reino de Murcia, en que los moros se habían rebelado contra Alfonso X, para dárselo al infante don Manuel, con lo que así éste sería rey:

> Entonce dixo la reyna que si el quisiese, quanto a esto que bien fallaria consejo, ca el et el rey, su marido, podrian muy ayna cobrar el reyno de Murcia, con que los moros se avian entonce alçado, et darlo al infante don Manuel et a la infanta donna Constança, et asi seria guardada la su iura, et ella et su marido et sus fijos sin reçelo de perder la onra que avian. Et tanto dixo a su padre, lo vno quexandose de la su perdida que reçelauan, lo al monstrando la gran onra que recebia en cobrar aquel reyno en que los moros se avian alçado, et fazer ende reyna a la infanta donna Constança, su fija, que se ovo el rey avenir et otorgogelo (303-312).

Que propusiera la reina al infante don Manuel como sustituto del infante don Enrique es muy aceptable, dado que el infante don Manuel era, de hecho, el hermano favorito de Alfonso X, y el más allegado a él. Esta propuesta unión no acarrearía peligro, ya que estaba asegurada la lealtad del joven infante. Don Juan Manuel seguidamente hace referencia a la firma de la paz entre Castilla y Aragón (en Soria el 30 de marzo de 1256), en que se pactó el casamiento del infante don Manuel con la infanta aragonesa: "Et bino el rey de Aragon para Soria et bieron se y el et el rey de Castiella, et firmaron el casamiento del infante et de la infanta donna Constança" (312-315). La boda que menciona el autor se celebró, en efecto, unos meses más tarde en Calatayud (*Alfonso X el Sabio*, 152).

Después de mencionar la paz de Soria y el pacto matrimonial, don Juan Manuel vuelve a coger el hilo de las actividades del malparado infante don Enrique. Después de firmar la paz con el rey de Aragón, Alfonso X se dirigió inmediatamente a Niebla, y don Enrique, cuando "sopo en commo avia perdida el ayuda del rey de Aragon et que el rey, su hermano, vinia a Niebla con muy grant poder. non le spero y, [et] el rey tomo luego a Niebla. Et don Anrique binose dende contra Estremadura, robando et faziendo muy grant guerra" (318-322). Aquí tenemos una instancia en que don Juan Manuel no se atiene muy bien a hechos y fechas, sacrificando la verdad a sus propósitos en el relato. La toma de Niebla por Alfonso X la sitúa entre la paz de Soria y la boda de los infantes, cuando Niebla no fue tomada hasta algunos años después, en 1262.[27] Por otra parte, como ya hemos dicho, el infante don Enrique no estaba en Niebla sino en Lebrija, "sembrando el pánico en el comarca", según escribe Ballesteros (*Alfonso X el Sabio*, 115). Los frailes de Calatrava mandaron pedir ayuda, y fue don Nuño González de Lara, el favorito de Alfonso X, a pelear con el infante. Este habría ganado la batalla (octubre, 1255) si no hubiese sido porque le llegó la noticia de que venían refuerzos que mandaba Alfonso X, por lo que abandonó el campo, refugiándose en Lebrija, y seguidamente se exilió.[28] Antes de exiliarse fue, como dice don don Juan Manuel, "robando et faziendo muy grant guerra" en los lugares por los que pasaba, en revancha por las acciones de su hermano el rey contra él.[29] Don Juan Manuel narra que, al celebrarse la boda de su padre con la infanta aragonesa, se puso una fuerte guardia alrededor de la iglesia, por temor a que viniese gente de don Enrique a impedirla:

> Et oy dezir a Martin Martines de Faças, que alcançe yo muy biejo, que fuera montero de mio padre, que el dia que casaron en Calataud, el, bien con otros çient monteros de mio padre, estudiera en deredor de la eglesia con sus venablos, en quanto dixieron la missa, reçelando

---

[27] La toma de Niebla por Alfonso X está narrada en el capítulo 4 de la *Crónica del rey Don Alfonso Décimo*. En esta narración don Enrique no figura.

[28] El capítulo 8 de la *Crónica del rey Don Alfonso Décimo* se dedica entero al infante Enrique, "De commo el rey don Alfonso quiso prender a don Enrique, e de las cosas que acaesçieron a este infante don Enrique" en el exilio.

[29] El daño que hicieron el infante don Enrique y los suyos en tierras de Soria está documentado en distintos documentos de la época (Ballesteros Beretta, *Alfonso X el Sabio*, 117).

que vernia alguno de parte don Anrique (a) dezir commo la infanta et don Anrique eran desposados en vno (332-338).

Y un poco más adelante menciona la salida del infante don Enrique del reino: "Et desque la dicha infanta fue casada, et don Anrique fuera del regno, finco ya el rey don Alfonso sin reçelo del" (346-348).

Después de casi cuarenta años fuera de España, el infante habría de regresar a Castilla en 1294, que es cuando don Juan Manuel, que tenía doce años, lo conoció por primera vez. Don Juan Manuel hace referencia a este acontecimiento en la tercera razón, como veremos más adelante.

XII. *Murcia: la tierra prometida*

Llegamos a la cuestión de la tierra prometida a los desposados, promesa que había hecho posible este matrimonio que los reyes castellanos preferían al otro antes pactado. De acuerdo con el juramento de Jaime I, el esposo de la infanta doña Constanza tenía que ser rey, y si el infante don Manuel aún no lo era al casarse, debería serlo tan pronto como se cobrase el reino de Murcia y le fuese entregado.

Una vez más el relato de don Juan Manuel presenta graves anacronías. Los moros de Murcia —vasallos de Castilla desde 1243— no se sublevaron hasta 1264, ocho años después de casados los infantes (el texto ubica la sublevación un poco antes de casados), y Murcia fue tomada en 1266. Esto hace dudar de que hubiese habido la promesa de convertir al infante don Manuel en rey de Murcia. ¿Cómo habría podido ofrecer el rey al infante un reino que tenía ya un rey, don Mahomat Aben Mahomat Abenhut, que prestaba vasallaje al rey castellano? Sin embargo, cabe dar cierto crédito a don Juan Manuel y suponer que el rey castellano hubiese tenido pensado destronar al rey moro, su vasallo, y hacer rey de Murcia a su hermano, pues sabemos que alrededor de 1257 Alfonso X empezó a presionar al rey de Murcia y a los jefes locales para que abandonasen sus tierras (Hillgarth, *Los reinos hispánicos*, Ediciones Grijalbo, Barcelona, 1979, 47). Fuera o no cierta la promesa, lo que está bien claro es que según don Juan Manuel la hubo y que, cuando llegó el momento de poderla cumplir, el rey no lo hizo. Veamos como desarrolla el autor la situación.

Empieza con el anacronismo de hacer contemporáneas la conquista de Murcia por el rey aragonés y la boda de los infantes: "Otrosi el rey don Jaymes fue çercar a Murcia; et andando en estas cosas, fue mio padre casar con la infanta donna Constança a Calataud" (330-332). La contemporaneidad de estos dos hechos se apoya en el hecho de que Jaime I asistiese a la boda de su hija; hecho cierto, pero que ocurrió diez años antes de que el rey aragonés fuera a cercar a Murcia. Jaime I conquistó Murcia en 1266, y lo entregó a su yerno, según lo que ambos habían convenido.[30] Don Juan Manuel no describe esta transacción bajo la luz positiva de una generosa colaboración del rey aragonés al sofocamiento de la peligrosa rebelión mora, sino como consecuencia de una manipulación de Alfonso X, quien se puso de acuerdo con los rebeldes cercados a espaldas de su suegro:

> Et pues vio que non avia de quien se catar, tracto con los moros de Murçia que dixiesen al rey don Jaymes que ellos del rey don Alfonso eran et de su conquista, et luego que biniese que se le darian muy de buena mente; et el rey don Jaymes partiose ende (349-352).

A continuación de este engaño don Juan Manuel pasa a narrar lo que hizo el rey castellano para no dar al infante don Manuel el reino de Murcia. Sugiere que Alfonso X tenía ya pensado engañar a su hermano antes de que acudiera a aposesionarse de Murcia, pero que montó la farsa de que iba con la intención de cumplir su promesa: "Et el rey don Alfonso fue alla, dando a entender que la querie entergar al infante don Manuel, su hermano" (353-354). Al llegar a Murcia, el rey, con el propósito de engañar a su hermano, aplicó tácticas sucias, pero de modo que no se viera su mano en el asunto:

> Oy dezir que el mismo guisara que los moros tomasen la recua de la vianda que tra[i]en a la hueste, en guisa que fueron todos en tan grant cuyta, que ovieran a seer perdidos de fanbre. Et entonçe fizo que los moros dixiesen que nunca se darien al rey si non con tal pleito que los non pudiese dar a ninguno et que fincasen con la corona del reyno et que fiziese por que mio padre renunçiasse la donación quel avia fecha (354-361).

Por el hambre que estaban pasando los hombres en el campamento real, algunos de ellos hablaron con el infante don Manuel para convencerle de

---

[30]   Murcia pasó a una situación de vasallaje a la corona castellana en 1243. Fernando III mandó a su hijo don Alfonso allí para recibir homenaje de los pueblos, algunos de los cuales se resistieron al principio.

que renunciase al reino como se lo pedían los moros, "et en tal manera fablaron con el, que el mismo vino rogar al rey que fiziese aquella pletesia" (363-364). Aquí don Juan Manuel hace hincapié en la lealtad e inocencia de su padre, tan confiado de que de su hermano el rey no podía venir ningun engaño: "Mio padre era omne bueno et leal et amaua mucho al rey, et commo quier que algunos gelo dizian, nunca le pudieron fazer creyente que esta maestria viniere por el rey" (364-367). Y enseguida contrasta esta bondad y lealtad de su padre con la desvergonzada falsedad del rey, quien dice que antes se quiere morir de hambre que dejar que su hermano renuncie al reino: "Et quando esta pletesia dixieron al rey, dio a entender que lo non faria en ninguna manera, ca non queria aquel lugar sinon para mio padre, et que ante morria el de fanbre et todos los de la hueste que nunca en tal pleito consintiese" (368-379). El conflicto termina con el infante expresando otra vez su voluntad de ceder su derecho al reino para que se salve la hueste, a lo que otra vez responde falsamente el rey que no quiere tal cosa; pero finalmente, presionado por todos, acepta el sacrificio ofrecido, y a cambio de Murcia le da a su hermano la villa de Elche:

> Et mio padre, creyendo aquello quel dizia et doliendose de commo se perdia toda la hueste, dixo al rey que cobrase el vna vez el logar et acabase su onra, que despues el le faria merçed, et el seria pagado de que quiere quel rey le feziese.
>
> Et entonce el rey dio a entender que lo non queria fazer en ninguna manera. Pero traxieron el pleito en tal guisa que dieron a mio padre a Elche, con vna comarca que llaman los moros el Alhofra (371-379).[31]

---

[31]   Las villas murcianas de Elche, Villena, Elda y Novelda eran propiedad del infante ya antes de la sublevación de los moros. Estas comarcas se las había dado Alfonso X como regalo de boda, hecho que hace aun más cuestionable la versión de nuestro autor. En el *Libro dels Feyts*, la crónica autobiográfica de Jaime I, hallamos más información que nos respaldarnos. Las primeras paradas del rey aragonés en la reconquista de Murcia —para la que aplicó más la diplomacia que las armas— fueron precisamente Villena, Elda y Elche. En Villena habló con dos moros principales del lugar y les preguntó la razón por la cual se habían rebelado contra su señor. Respondieron que el mal comportamiento del infante don Manuel les llevó a sublevarse. Aunque el motivo principal de su sublevación fue más bien la fiebre por la independencia que recorría el reino, impulsada al destronar Alboaquiz, representante de la causa independentista, a Mahommed, nieto de aquel rey murciano que primero mencionamos, este supuesto mal comportamiento del infante don Manuel en Villena ofrece un contraste interesante con la pintura color de rosa que de su padre dibuja don Juan Manuel. Pero volviendo a Jaime I, éste y los dos moros se pusieron de acuerdo en

En el seno del *Libro de las armas* está, así, introducida la acusación de que Alfonso X desposeyó de Murcia al padre de don Juan Manuel, un reino que en principio le había sido solemnemente prometido. Como ya hemos dicho, don Juan Manuel plantea así de esta manera indirecta que él debió de haber sido rey, que éste era su debido estado y no el de mero "hijo de infante". Don Juan Manuel consideró siempre a Murcia como tierra cuyo dominio habría cumplido sus sueños de poder. De ahí que tradujera su deseo a promesa, transformando Murcia, la tierra deseada, en Murcia, la tierra prometida. En efecto, lo que don Juan Manuel quería salvaguardar del pasado a través de la escritura era la promesa de Murcia, que, aunque rota en un principio, era válida y podía ser, a su debido tiempo, reclamada como una deuda pendiente. Murcia era el reino que por derecho les correspondía a él y a su descendencia.

Hay varios motivos por los que el autor habría querido para sí y para su linaje este reino. En primer lugar, tenía en Murcia, en las palabras de Giménez Soler, "si no sus posesiones mas preciadas, sus mas pingües", es decir, lo mejor del patrimonio de su padre, que venía siendo más de un tercio del territorio murciano. Heredó también de su padre el cargo de Adelantado del reino de Murcia, pero este cargo no era en realidad hereditario, y le fue quitado varias veces a lo largo de su vida. En segundo lugar, disponer de

---

que si el infante don Manuel les perdonase, se rendirían y se entregarían a él, pero que de lo contrario —y esto lo expresa Jaime I de manera que podemos ver que prefería esta alternativa— se entregarían gustosamente a él, el rey de Aragón (CCCX, 532). La animosidad de los de Villena hacia el infante debió de haber sido fiera, ya que cuando regresó allí el rey aragonés con don Manuel —que todo este tiempo había estado en la hueste del rey— no quisieron los del pueblo salir a recibir a su señor, rompiendo así el pacto que habían hecho con Jaime I (CCCCXXXIII). Éste no menciona cómo se resolvió el asunto, y pasa a narrar la toma de Murcia; pero podemos suponer que Villena le fue devuelto al infante al sofocarse definitivamente la sublevación y al hacer Alfonso X la repartición después de serle entregado el reino en marzo de 1266. Ahora bien, todavía aprendemos más en el relato personal de Jaime I. Quien probablemente pensó quitarle al infante don Manuel sus posesiones fue el rey de Aragón, pues relata con demasiado gusto la animosidad de los de Villena hacia su anterior señor, y su disposición, en cambio, a tomarle a él como señor. También le hubiera gustado quedarse con Elche. Cuando pactó con los moros de este lugar —que fue después de que pactara con los de Villena y Elda— en favor del infante don Manuel y del rey de Castilla, también habló en secreto con uno de ellos, que se llamaba Mahomet, y le pidió que tuviera la villa en nombre suyo primero y después en nombre del infante don Manuel, para lo cual le dio dinero (CCCCXIX). El pacto naturalmente no tuvo ningunas consecuencias, ya que no hubo manera de no entregar Elche, junto con todo el territorio de Murcia, al rey castellano según convenido. Pero que el rey aragonés entretuvo la idea, aunque fuese contra los intereses y derechos de su yerno, no me cabe duda.

un reino entero, aunque todavía siguiese siendo feudo de Castilla, habría, claro está, consolidado enormemente su poder. Desde luego, don Juan Manuel hubiera preferido tener reunida su tierra en vez de dispersa por el reino, lo que la hacía difícil de defender. Esto lo sabemos por un comentario autobiográfico que hace en el doceavo ejemplo del *Conde Lucanor:*

> Patronio, vos sabedes que, loado sea Dios, la mi tierra es muy grande et non es toda ayuntada en vno, Et commo quier que yo he muchos lugares que son muy fuertes, he algunos que lo non son tanto, et otrosi otros lugares que son quanto apartados de la mi tierra en que yo he mayor poder (*OC*, 11, 109).

En tercer lugar, porque la posibilidad de la existencia de un reino más o menos independiente, Murcia se había barajado repetidas veces y don Juan Manuel quería que le tocase a él el reino antes que a otro. Que a este reino tenía más derecho que cualquier otro es postura que el autor está muy interesado en defender.

En 1284, antes de morir, Alfonso X dio a su hijo el infante don Jaime el reino de Murcia (a su hijo el infante don Juan dio los reinos de Sevilla y Badajoz). En 1296, don Alfonso de la Cerda —hijo de Fernando de la Cerda, el primogénito de Alfonso X que murió antes que su padre— creyó su derecho pactar la entrega del reino de Murcia a Jaime II de Aragón, a cambio de que le apoyara para defender sus derechos al trono castellano frente a Fernando IV. Jaime II, en consecuencia de ello, invadió Murcia en ese mismo año, y don Juan Manuel perdió entonces su villa de Elche y toda la propiedad a su alrededor.

El rey de Aragón le prometió al hijo de infante devolverle esta tierra cuando cumpliese veinte años, con la condición de que lo reconociera como señor de Murcia. Don Juan Manuel tuvo que ceder, pero se quedó descontento. Se fue a Cuenca a verse con la reina viuda de Sancho IV, doña María de Molina, la madre del niño rey Fernando IV, y le reclamó que, ya que Jaime II le había quitado Elche, que le diese en cambio Alarcón, que está en Cuenca. Su tío, el infante don Enrique, uno de los tutores del joven rey, que estaba presente, le apoyó en su pretensión y su sobrino recibió la villa de Alarcón. A este intercambio se refiere el autor en la segunda razón del *Libro de las armas:* "Et por razon quel rey don Fer[r]ando dio al rey de Aragon aquella tierra, que era mia, dio a mi Alarcon a camio della, et es agora mayoradgo, asi como lo era la otra tierra" (403-405). Pero una vez más notemos que don Juan Manuel no es muy exacto: Fernando IV no le dio la tierra al monarca aragonés, sino éste se la quitó.

De hecho, a principios de 1301, la reina doña María de Molina preparó y llevó a cabo una campaña contra Murcia con la intención de recuperar el reino. Le acompañaron don Juan Manuel, el infante don Enrique, don Diego López de Haro y don Juan Nuñez. Esta campaña fracasó (González Mínguez, *Fernando IV*, 95-109). En 1305, no obstante, el nuevo soberano de Granada, Mahommed III, se alió con Castilla, con lo que el equilibrio del poder en la península cambió y Aragón terminó entregando parte de Murcia a Castilla. En los tratados de Torellas y Elche (1304-1305) Murcia fue dividida entre Castilla y Aragón en líneas que habrían de resultar permanentes (*Fernando IV*, Vitoria, 1976, 191-201). Elda y Novelda, que habían sido de la hermana de don Juan Manuel, doña Violante Manuel, y también Elche, quedaron en el territorio aragonés. A cambio de estas villas doña Violante recibió Medellín y Arroyo del Puerco. A cambio de Elche don Juan Manuel ya había recibido Alarcón. Por estas mismas fechas el autor pidió la mano de la hija de Jaime II, la infanta doña Constanza, con quien luego se casó en 1311. De esta manera el hijo de infante pudo recuperar Elche y los otros lugares del reino de Murcia que habían sido suyos, pues logró que entraran en la dote de la infanta (Giménez Soler, *Don Juan Manuel*, 19).

Pero si don Juan Manuel hubiese podido elegir en esta cuestión de Murcia, no puede dudarse que habría querido para sí el reino entero, tal como confirma Juan Torres Fontes en su valioso artículo "Murcia y don Juan Manuel: tensiones y conflictos", que se publicó en el libro conmemorativo *Don Juan Manuel: VII Centenario*. Escribe Torres Fontes:

> Porque pretensión permanente de don Juan Manuel en cuanto se refiere al reino de Murcia fue la de su total sumisión, la de ejercer una jefatura que no era precisamente la que podía proporcionarle su oficio de adelantado mayor, sino dentro de un concepto enteramente señorial, en donde su voluntad e interés personal se sobreponía a los fueros y privilegios reales (356).

Y, de hecho, don Juan Manuel logra en algunos momentos imponer su autoridad y poder en todo el reino. Pero el progresivo afianzamiento de Alfonso XI fue limitando sus acciones, hasta el punto de que al final de su vida la posesión de Murcia era tan sólo un sueño frustrado y una promesa incumplida. Además estaba el hecho de que Alfonso XI proponía, en la época en la que el autor componía el *Libro de las armas*, que su hijo bastardo, el infante don Enrique, el primero que tuvo con doña Leonor de Guzmán, fuese nombrado rey de Murcia (Hillgarth, *Los reinos hispánicos*, 435). Podemos imaginar lo mucho que le habría desazonado a don Juan Manuel esta propuesta. Puede que por ello, en parte, decidiese protestar por escrito que este reino había sido primero prometido a su padre, el infante don Manuel.

XIII. *La muerte trágica de la infanta doña Constanza*

Con respecto a la segunda razón todavía quedan por ver el desenlace del relato y los comentarios finales con que don Juan Manuel termina la razón. El infante don Manuel ha quedado sin el reino de Murcia, gracias a la falsedad y astucia de su hermano el rey. A cambio de Murcia se le ha dado la villa de Elche. A continuación el autor remata el relato con el trágico fin de la bella infanta doña Constanza, quien, por no llegar a ser reina, murió envenenada por su envidiosa hermana mayor, doña Violante, la reina de Castilla:

> Et dixo me Alfonso Garçia que luego que la infanta donna Constança sopo aquella pletesia que mio padre avia otorgado, que luego dixo que ya bien era muerta; et que fueron en acuerdo de se yr para tierra de moros, et que el vio la galea al puerto de Santa Pola armada et guisada para entrar en ella et yrse, sinon por que don Sancho Perez de Ayala, que era mayordomo de nuestro padre, et otros omnes buenos que biuian con el, le dixieron que sy fuese a tierra de França, que eran casados anbos los reys con sennas hermanas et que non le cogerian; et si fuese (a) Aragon, que el rey, su padre, era ya muerto, et que el rey don Pedro, su hermano, que non se queria perder con el rey de Castiella por ellos. Et si se fuesen a tierra de moros, seyendo la infanta tal duenna et tan apuesta, que por aventura tomarian tal desonra, que querrian mas la muerte que la vida; et por esta razon avieron a fincar. Et, mal pecado, dizen que lo que la infanta temia quel acaeçio: que la razon de su muerte fue vn tabaque de çerezas quel envio la reyna, su hermana (38-402).

Puesto que no se mencionan en ninguna otra fuente las circunstancias de la muerte de la infanta doña Constanza, no hay manera de saber si murió no de esta manera. Desconocida es también la fecha de su muerte. Pero vemos que don Juan Manuel entrelaza la renuncia del infante don Manuel al reino de Murcia y la muerte de la infanta, como si un suceso hubiese sucedido al otro. La infanta habría muerto, entonces, poco después de 1267. Por otro lado, el autor dice en ese mismo párrafo que el padre de la infanta ya había muerto cuando ella murió. Jaime I, recordemos, murió en 1276. En este caso la infanta habría muerto más de diez años después de la reconquista de Murcia, con lo que, bien al contrario de como lo plantea el autor, su muerte no habría tenido relación alguna con la supuesta renuncia al reino de su marido. Desde luego, es mas lógico pensar que murió después de 1276, ya que en este caso habrían mediado sólo algunos años entre el hecho de enviudar el infante don Manuel y el de volver a casarse. Si aceptasemos la versión de que la infanta aragonesa murió poco después de 1267, el infante don Manuel habría permanecido viudo más de diez años, cosa inusitada en la Edad Media, pues el matrimonio era ante todo un negocio lucrativo y el viudo se volvía a casar en cuanto se llegaba a un nuevo arreglo.

En suma, son tres los anacronismos que hemos visto que comete don Juan Manuel en la segunda razón. Primero hace contemporáneas la visita de la reina doña Violante a su padre (1255-1256) y la sublevación de los moros de Murcia (1264). Aquí se salta aproximadamente ocho años. En seguida hace contemporánea la boda de los infantes (1256) con la reconquista de Murcia (1266). Aquí suprime diez años. Y finalmente el autor hace que la muerte de la infanta doña Constanza (posterior a 1276) suceda inmediatamente a la renuncia de su esposo al reino de Murcia (1266). En este caso son también aproximadamente unos diez años los ignorados. La pregunta que ahora nos tendríamos que hacer es ¿qué revelan estos anacronismos, consistentes todos en establecer relaciones causales entre acontecimientos que en el contexto histórico se hallan separados por muchos años de distancia? Precisamente porque estos anacronismos son todos relativos a Murcia, la respuesta resulta clara: puesto que los moros de Murcia no se habían alzado en 1255-1256, y puesto que Murcia no se reconquistó en 1256, Murcia no tuvo nada que ver con la muerte de la infanta doña Constanza. Puesto que Murcia está incorporada a una secuencia de acontecimientos imposible, podemos sospechar que nunca hubo una promesa de entregar al infante don Manuel el reino, o por lo menos, nunca la hubo en las circunstancias que propone don Juan Manuel.

El tercer anacronismo cumple una función especial en el relato: lo redondea. Don Juan Manuel plantea que la infanta doña Constanza fue envenenada por su hermana inmediatamente después de renunciar su marido al reino de Murcia, porque así todo queda ligado. El quebrantamiento de la promesa de Murcia al infante don Manuel significó el quebrantamiento de la primera promesa que hizo Jaime I a su esposa de casar a la infanta con rey. Por ello, al quedar la infanta desamparada de un reino que la protegiese, ocurrió inevitablemente lo que en un principio había temido y querido impedir su madre, su asesinato por la hermana envidiosa. De esta manera don Juan Manuel concluye perfecta y artísticamente su relato.

XIV. *El derecho a armar caballeros*

Hemos dicho ya que don Juan Manuel consideraba que el tema de esta segunda razón era explicar "por que podemos fazer caualleros yo et mios fijos legitimos, non seyendo nos caualleros, lo que non fazen fijos nin nietos de infantes." Hasta ahora, sin embargo, no ha dicho nada respecto al asunto. Pero aquí, ya al final de la razón, saca a relucir el tema, para de esta forma protestar inocencia. Primero, pretende hacernos creer que contó todo lo anterior con la finalidad única de que este asunto quedase claro. Actúa como si no acabase de difamar a los reyes castellanos ni hubiese reclamado para sí y su linaje el reino de Murcia. En segundo lugar, el propio tema del derecho a armar caballeros sin serlo no es tan inocente como aparenta ser en el relato manuelino. Don Juan Manuel quiere asentar ese derecho suyo y el de su linaje para últimamente reclamar el derecho a ser independiente, a no tener que obedecer a ningún rey, e incluso a ser como rey. Veamos como es éste, de hecho, el caso.

Primero es necesaria una aclaración. Hay un párrafo en medio del relato, antes del párrafo final en que se narra la muerte de la infanta doña Constanza, que pertenece funcionalmente a la parte final de la razón. Más exactamente, este párrafo constituye la primera parte del final, que queda interrumpida momentáneamente por el remate del relato. En este primer párrafo de la parte final don Juan Manuel anticipa abiertamente lo que sólo indirectamente dice a continuación, cuando defiende su derecho a armar caballeros. Primero explica, como ya hemos visto, que a cambio de Murcia le dieron a su padre Elche. Pero añade inmediatamente esta afirmación importante: que Elche

> fue siempre *commo reyno e sennorio apartado, que nunca obedesçio a ningund rey*; et dieron gelo asi: que el et don Alfonso, su fijo, o qualquier fijo varon mayor legitimo, que eredase aquel sennorio et que fuese mayoradgo; et que mio padre et don Alfonso, su fijo, et que

todos los que aquel sennorio auiesen, *troxiessen su casa et su fazienda en manera de reys:* et asi lo fizieron siempre despues aca (379-385).

Aquí interrumpe el desenlace del relato, pero al concluirlo el autor vuelve a referirse a Elche, a cuando Fernando IV le dio Alarcón en recompensa de su perdida de Elche al invadir Jaime II Murcia en 1296, para afirmar que Alarcón es "agora mayoradgo, asi commo lo era la otra tierra" (Elche). En este carácter especial de su herencia basa su derecho a armar caballeros, derecho que primero heredó don Alfonso, su hermano mayor, el hijo de la primera mujer de su padre, la infanta doña Constanza, y porque éste murió, pasó después a él:

> Et por que nos avemos la nuestra heredad por esta manera, avemos muchas avantajas de los otros fijos de infantes. Et por guardar esto, fizo don Alfonso, mio hermano, en vida del rey don Alfonso et de mio padre, muchos caualleros, non seyendo el cauallero, et sennalada mente fizo a Garçi Fer(r)andes Malrique, padre deste Johan Garçia Malrique, que es oy biuo.
>
> Et por que don Alfonso murio en vida de mio padre ante que casase (et) oviesse fijos, caso mio padre con la condessa mi madre. Et maguer avia fija a donna Violante, mi hermana, que ovo de la infanta donna Constança, non heredo el mayoradgo et heredelo yo, seyendo de otra madre, por que era varon.
>
> Et por guardar esta costumbre mandaron el rey don Alfonso, mio tio, et mio padre que fiziese yo caualleros en su vida de ellos, et fiz los ante que yo oviese dos annos; ca quando mio padre murio, non avia yo mas de vn anno et ocho meses. Ca yo nasçi en Escalona, martes çinco dias de mayo, era de mill et ccc et xx annos, et murio mio padre en Pennafiel, sabbado dia de Nauidat, era de mill et ccc (et xx) et vn anno (405-423).

Y termina el autor la razón reclamando su derecho a seguir armando caballeros sin ser él caballero armado:

> Et avn por guardar esto, nin los reys que fueron despues aca nin yo nunca nos acordamos a que yo fuesse cauallero. Et commo quiera que la mayor onra que puede seer entre los legos es caualleria, et lo son muchos reys que an mayor estado que nos, cuydo que por guardar esto que me seria a mi muy graue de tomar caualleria de ninguno

sinon en la manera que la toman los reys. Et por estas razones que vos he dicho, fazemos caualleros non lo seyendo nos, lo que non se falla que fizieron ningunos fijos de infante en Espanna (423-431).

En este desafío, entonces, desemboca el argumento final: don Manuel se niega a ser armado caballero por otro, es decir, por el rey, el único a quien jerárquicamante le hubiese correspondido armarlo. Sostiene también que en caso de decidir armarse caballero, lo sería solo en la manera en que son armados los reyes, quienes eran armados por el mismo santo matamoros, Santiago, esto es, por una imagen articulada de él. En otras palabras, don Juan Manuel sólo quería reconocer que le fuera superior el santo patrón de los ejércitos, pero no quería reconocer que le fuera superior el rey Alfonso XI, que es lo que habría significado dejarse armar por él. Sostiene, en fin, que como su casa y su hacienda se manejan como las de un rey, que también él y su linaje han podido siempre, y seguirán pudiendo, armar caballeros sin serlo, que es un privilegio que sólo tenían los reyes. A la luz del nuevo uso que dio Alfonso XI a la caballería podemos comprender cuan importante es esta postura que toma aquí don Juan Manuel.

Como se nos cuenta en la *Gran Crónica*, el culto a la caballería había prácticamente desaparecido, pero Alfonso XI lo volvió a institucionalizar con la creación de la Orden de la Banda en abril de 1332.[32] Como todas las innovaciones que llevó a cabo este rey era ésta tambien, una manera de fortalecer la monarquía.[33] En las manos de Alfonso XI la caballería pasó a ser

---

[32] "E por que este rrey era buen omne en el su cuerpo, tovo por bien de rresçebir la honrra de la coronaçion, e otrosi la honrra de la caualleria, ca avia voluntad muy grande de hazer por la honrra de sus rreynos. E otrosi desde luengos tiempos los rricos omes ynfançones hijos dalgo e los de las villas se escusaron de rresçebir caualleria fasta en el tiempo deste rrey don Alonso. Y estando en la çibdad de Burgos, mando tajar muchos pares de paños de oro y de seda, guarnidos con peñas armiñas e con peñas veras, e otrosi mando hazer muchos pares de paños d'escarlata e de otros paños de lana de los mejores que pudieron ser avidos, con çendales de ellos e dellas con plata las vainas e las çintas, e mando endereçar todas las otras cosas que eran menester para esto. E desque lo ovo todo guisado, enbio a dezir a los rricos omes e infançones e hijos dalgo del su rreyno que se queria coronar e tomar honrra de caualleria, en aquel tienpo, que queria hazer caualleros los mas dellos e darles guisamiento de todo lo que oviesen menester para sus cauallerias; e que les mandaua que viniesen todos a la çibdad de Burgos a dia çierto" (*GC*, 1, CXX, 507).

[33] Para más información sobre este tema véase *Historia de la civilización e instituciones hispánicas* de A. Torres Palomeque (Ediciones Teide, Barcelona, 1946), 633-634; *Curso de la historia de las instituciones españolas* de García de Valdeavellano (Revista de Occidente, Madrid, 1970), 348-349 y 546-549; y *La Península en la Edad Media* de Jose Luis Martín (Editorial Teide, Barcelona, 1976),

un instrumento político efectivo con que atraer a los nobles a su servicio. El rey creó a su alrededor un atrayente esplendor, montando torneos y celebraciones que exaltaban el modo de vida caballeresco.[34] Ser armado caballero se tenía como el más alto honor que había para el lego, como explica don Juan Manuel. Pero el que era armado caballero tenía que prometer luchar "contra los enemigos del rrey".

Ni don Juan Manuel ni don Juan Nuñez asistieron a la ceremonia en Burgos, en el verano de 1332, en que el rey se hizo armar caballero por una imagen del apóstol Santiago, y en que después armó caballeros a veintidos ricos hombres —entre ellos a don Juan Alfonso de Haro, don Alvar Díaz de Haro, don Pero Hernández de Castro y don Garcilaso de la Vega— y a otros cien nobles de menos categoría (*Gran Crónica*, I, CXXII). Pero en el verano de 1338, en Sevilla, don Juan Núñez (en el servicio del rey desde 1336) fue armado caballero por Alfonso XI: "E porque don Joan Núñz no auia rresçebido avn honrra ninguna de caualleria fasta en aquel tienpo, el rrey armolo cauallero, et fizo le mucha honrra; e don Joan Nuñez armo otros diez caualleros en aquel dia que fue el cauallero" (*GC*, I, CXXII, 511-514). Se habría esperado que don Juan Manuel también consintiese en ser armado caballero por el rey: también él estaba ya al servicio del rey desde principios del mismo año. Don Juan Manuel, sin embargo, debió negarse a ello, como podemos suponer por lo que arguye en el *Libro de las armas*: "que me seria a mi muy graue de tomar caualleria de ninguno sinon en la manera en que la toman los reys" (428-429). Podemos imaginar que no quería ser armado por el rey porque esta ceremonia habría significado sellar formal y solemnemente su rendición; habría significado aceptar ceremonialmente su derrota y humillarse públicamente. En esto, pues, se mantuvo rebelde hasta el fin.

XV. *La autobiografía en el "Libro de las armas"*
e introducción a la razón III

Todos los libros de don Juan Manuel contienen datos autobiográficos, pero el *Libro de las armas* es patentemente más autobiográfico que sus demás libros.[35] No sólo el contenido lo confirma, sino también la posición

---

628.
[34] Américo Castro proporciona una descripción sugestiva de la exaltación aparatosa que hace Alfonso XI de la caballería en su *La realidad histórica de España* (Editorial Porrúa, México, 1954), 389-390.

[35] Véase el artículo "La autobiografía literaria de don Juan Manuel" de German Orduna, en *Don Juan Manuel: VII Centenario*, 245-258.

del libro en la obra total del autor. El *Libro de las armas* encabeza la compilación final que hizo de todas sus obras (1342-1345). De hecho, este libro tiene para la obra total del autor la función de escudo representativo con que el autor se identifica a sí mismo. Dicho de otro modo, el libro reproduce la función que tenían sus armas de representarle. En este hecho encontramos el significado especial del título del libro.

Más específicamente, el libro reproduce tres funciones distintas pero interdependientes, que son propias de las armas: la de identificar al individuo con su linaje, la de defenderle, y la de glorificarle.

En cuanto el *Libro de las armas* es una historia de su familia, el libro también es una autobiografía. En la Edad Media el linaje es principio de la autobiografía. Sin padres, sin ascendientes, no se tiene historia, lo que equivale a no tener identidad. El noble medieval no tiene otra identidad que la que hereda de sus padres; es decir, la condición de ser noble es ser "fijodalgo." Por esto don Juan Manuel se presenta como hijo de su padre, el infante don Manuel, y nieto de su abuelo, el rey Fernando III el Santo. El libro, igual que las armas, sirve para enseñar al exterior quién es él, es decir, a qué linaje pertenece.

El *Libro de las armas* también reproduce la función de protegerle y proteger su propiedad y honra. Uno se protege tomando una postura agresiva y temeraria. Don Juan Manuel amenaza y enseña sus dientes. Se muestra con todas "sus armas" y honor, se muestra fiero y temido. La principal postura agresiva del libro es la de adjudicarse el autor a Dios como aliado. El que cuenta con Dios cuenta con el triunfo, tarde o temprano, de su causa. Dios es invencible y, para el enemigo, el poder más temible e inescrutable.

La postura agresiva del libro está particularmente representada en una de las características que adscribe don Juan Manuel al león en la primera razón. El león "ha por manera que lo que vna vez toma, por cosa quel fagan nin por estoruo quel fagan, nunca dexa lo que tiene entre las manos" (158-160). Claramente el autor se está refiriendo aquí a sí mismo. Él es el león que va a impedir que le quiten lo suyo, su propiedad y el poder que todavía conserva, "por cosa quel fagan nin por estoruo quel fagan." El sujeto de este plural indefinido, "fagan", debe ser el rey Alfonso XI, quien, de hecho, era el que más "estorbaba" al autor. Esta imagen de don Juan Manuel como el león fiero que defiende y protege lo suyo es clave del libro. El libro materializa esta postura de desafío. Todo él defiende lo suyo y lo de los suyos contra los enemigos al acecho para quitárselo. El *Libro de las armas es*, efectivamente, un arma.

La autobiografía en el *Libro de los armas* es principalmente autoglorificatoria. Con la glorificación de todo lo que tiene relación con él, don Juan Manuel se auto-glorifica. Asimismo, el autor se adjudica las más altas virtudes en la escala de los valores cristianos, aristocráticos y guerreros: es buen cristiano, es valiente y es leal. Ahora bien, esta auto-glorificación se consigue muchas veces mostrándose como una víctima. Por ejemplo, en el relato de la segunda razón don Juan Manuel narra las injusticias que los reyes castellanos cometieron contra su padre y la infanta doña Constanza, injusticias que preludian y refuerzan las que Alfonso XI posteriormente habría cometido contra él. Otro ejemplo está en la defensa de sí mismo en la tercera razón. Aquí también se presenta como la víctima del maltrato de Alfonso XI: "serui lo mas leal mente que pude" al rey don Sancho "et al rey don Ferrando, su fijo, et a este rey don Alfonso, su nieto, en quanto este rey me dio lugar para quel siruiese et non oue a catar del su mal" (485-487). Esta es la única vez en el libro que don Juan Manuel menciona a Alfonso XI directamente, y, por esto, su importancia es enorme. Esta breve frase tiene como referente toda la larga historia de su enemistad. En ella el autor, justificando su deslealtad, afirma que habría sido más leal a Alfonso XI si éste se lo hubiese permitido, es decir, si no lo hubiese tratado mal.

El *Libro de las armas* es también autobiográfico de otra manera más directa. En el libro están esparcidos datos importantes de la vida del autor. Hay dos tipos de datos, los de parentesco —que hemos estado viendo a medida que avanzábamos en el análisis del libro— y los que se refieren a una experiencia vivida por el propio don Juan Manuel. Los del segundo tipo se concentran principalmente en la parte final de la segunda razón y en la tercera razón, a partir del momento en que el autor consigna muy conscientemente la fecha de su nacimiento: "Ca yo nasçi en Escalona, martes çinco dias de mayo, era de mill et ccc et xx annos" (420-422). La consignación de su nacimiento sirve para destacar de forma llamativa la introducción del autor en la historia que escribe (o, lo que es lo mismo, en la historia de su familia y en la historia de Castilla). De aquí en adelante el autor va a estar presente de manera muy distinta: va a protagonizar el relato.

La primera experiencia personal que menciona —a que ya aludimos— es la de haber armado caballeros antes de cumplir los dos años. Es difícil imaginar a un niño tan pequeño participando activamente en esta ceremonia, levantando la pesada espada y posándola sobre el hombro del aspirante a caballero. Don Juan Manuel posiblemente exagera. Pudo haber heredado el derecho a armar caballeros sin serlo él, y algunos caballeros pudieron ser armados en nombre suyo, pero no es muy creíble que los armara personalmente él a esa edad. Pero, sea o no un hecho, la escena resulta fabulosamente interesante y auto-halagadora para el autor: el niño don Juan Manuel, cuando apenas habría empezado a caminar, desempeña ya ceremoniosamente una de las más honrosas funciones que podía desempeñar un noble.

Los acontecimientos que narra don Juan Manuel en la tercera razón son experiencias que vivió entre septiembre de 1294 y marzo de 1295. No son experiencias comunes sino excepcionales, experiencias que le impresionaron enormemente y que le introdujeron en su papel de noble y guerrero. Estos acontecimientos los narra en el orden en que ocurrieron, y son: 1) el triunfo de sus tropas en Murcia sobre "vn omne muy onrado", Iahcan Abenbucar Avençayen, "que era del linage de los reys moros de allen mar." El autor nos dice que esto fue en el verano de 1332 (1294). 2). Su primer encuentro con el rey Sancho IV, su primo, que fue en Valladolid. Mercedes Gaibrois de Ballesteros afirma que el rey llegó a Valladolid en esta ocasión el 21 de octubre de 1294 (*Historia de Sancho IV de Castilla*, Madrid, 1922-1928, 351). Don Juan Manuel estaba allí para recibirle, quien ya enfermo de tuberculosis, todavía tenía fuerzas para viajar. 3) La visita del rey a don Juan Manuel en Peñafiel. Según Gaibrois de Ballesteros, esto fue a finales de noviembre (Ibidem, 362). El rey se paró en Peñafiel de camino hacia Toledo, a donde le aconsejaron ir los médicos —explica el autor— porque "non es tierra tan fria commo Castiella." 4) Su viaje a Fuentedueñas donde estaba su tío, el infante don Enrique, a quien nunca antes había visto. El infante acababa de regresar a Castilla tras pasar cerca de cuarenta años en el exilio. Don Juan Manuel anota que hizo esta visita a su tío después de Navidad. 5) Finalmente nos narra la más importante de sus experiencias juveniles, su última visita al rey don Sancho, estando éste en Madrid en el convento de las monjas dominicas, ya muy enfermo y cercano de la muerte. Gaibrois de Ballesteros dice que don Juan Manuel hizo esta visita en marzo de 1295, aproximadamente un mes antes de que muriera Sancho IV el Bravo, que fue el 25 de abril (Ibidem, 371). El autor dedica la mayor parte de la tercera razón a recrear esta visita y a desarrollar lo que le dijo en esta ocasión su primo moribundo. Hace tan bien esta recreación de la entrevista —con un cuidado, con un detalle, con dramatismo incluso— que esta escena es una de las más bellas en la prosa histórica castellana medieval. A continuación vamos a ver cada una de estas experiencias más de cerca.

XVI.   *Don Juan Manuel, el conquistador joven, y el regreso
del infante don Enrique del exilio*

El párrafo en el que don Juan Manuel nos relata el triunfo de sus tropas
en Murcia en el verano de 1294 participa en el objetivo auto-panegírico del
libro. Fijémonos en el tono de orgullo con que nos lo cuenta:

> Et entonçe era yo con el reyno de Murçia, que me enviara el rey
> alla a tener frontera contra los moros, commo quiere que era muy
> moço, que non avia doze annos conplidos. Et esse verano, dia de çim-
> quagesima, ovieron muy buena andança los mios basallos connel mio
> pendon, ca vençieron vn omne muy onrado que viniera por frontero a
> Vera, et abia nonbre Iahçan Abenbucar Avençayen, que era del linage
> de los reys moros de allen mar, et traya consigo cerca de mill
> caualleros. Et a mi avien me dexado mios vasallos en Murçia, ca se
> non atreuieron a me meter en ningun peligro por que era tan moço. Et
> esto fue era de mill et ccc xxx ii annos (450-459).

Se autorretrata aquí el autor como capitán de sus tropas, como señor de sus
vasallos, y lo que es más importante, como vencedor (aunque no participase
en la batalla porque era muy "moço"). Esta victoria, dirá, se consiguió en su
nombre, "con el mío pendón." Mediante este autorretrato el autor afirma su
temprana dedicación y contribución a la Guerra Santa, y sirve de complemento a la explicacion de sus armas hecha en la primera razón, al mostrar
que desde los doce años ha estado derramando sangre al servicio de Dios.

Su viaje a Fuentedueñas para ver a su tío, el infante don Enrique, no es
la siguiente experiencia mencionada por don Juan Manuel, pero la tratamos
aquí para poder ver después las tres "vistas" con su primo Sancho IV. La
alusión a esta primera vez que vio a su tío don Enrique es muy breve y está
introducida entre la visita del rey a Peñafiel y la visita de don Juan Manuel al
rey en Madrid:

> Et desque el rey daqui se partio, fuese para Alcala de Henares et
> moro y vn tienpo, et yo espere aqui a la reyna donna Maria, que yua
> en pos el rey, et moro aqui otrosi quanto touo por vien, et fuese en
> pos el rey; et yo more aqui fasta despues de Nauidad *et spere aqui
> fasta que lego don Anrique, mio tio, a Fuenteduenna, et fuy le veer,
> ca nunca lo avia visto.* Et despues, a pocos de dias, sali de aqui et fuy

me para el rey, et fallelo en Madrit, et posaua en las casas de las duennas de vuestra orden (488-495).

Aunque es breve la alusión a este primer encuentro con su tío ya sexagenario (don Enrique nació en 1230), podemos entrever que fue una experiencia que dejó una fuerte impresión en don Juan Manuel. Así sería por varias razones. En primer lugar, al hijo de infante, huérfano de padre y madre, le debió de haber conmovido la llegada de un familiar tan cercano por el lado paterno. Su tío don Enrique era el único hermano de su padre que todavía vivía, y don Juan Manuel no había llegado a conocer a ninguno de sus otros tíos por parte de padre que habían muerto años atrás. En segundo lugar, el carácter rebelde del infante, sus muchas aventuras amorosas y sus muchas y diversas experiencias en el exilio le habían creado una aureola, hasta el punto de que sus aventuras habían llegado a ser materia de canciones populares.[36] En la segunda razón del *Libro de las armas* don Juan Manuel recuerda el primer verso de una canción que se inventó a propósito del rompimiento por parte de Jaime I de sus promesas de apoyo al infante don Enrique, aspirante a conseguir por esposa a doña Constanza. En el verso el infante maldice al rey aragonés: "Rey bello, que Deo confonda, / tres son estas con a de Malonda" (Rey viejo, que te maldiga Dios, con esta de Maluenda son tres las malas jugadas que me has hecho). Antonio Ballesteros ha recogido otra cántiga que a propósito de otra aventura del infante don Enrique se inventó y se cantaba. El tema de la cántiga es la pelea que tuvo el infante con don Nuño González de Lara en el campo de Morón en 1255. La

---

[36] Una extraordinaria y peligrosa aventura que tuvo el infante don Enrique en Túnez —donde pasó los primeros ocho años de su exilio— está narrada en el capítulo 8 de la *Crónica del Rey don Alfonso Décimo*. El rey de Túnez había acogido al infante y le había hecho su privado. Unos envidiosos convencieron al rey de que el infante don Enrique buscaba hacerle daño, por lo que le sentenciaron a morir destrozado por los leones. Lo llevaron a un corral, lo abandonaron, y los leones salieron a atacarle: "Et don Enrique sacó la espada que él traíe consigo, que la non partía de sí, e tornó contra ellos, e los leones non fueron a él. E don Enrique fue a la puerta e salió del corral." La crónica también relata que el infante pudo escaparse a Italia, donde luchó en la "guerra que avían los romanos contra los reyes de Pulla e de Calabria e el Conde de Provença." Por otras fuentes —la crónica no sigue más las aventuras del infante— sabemos cuál fue su suerte final en el exilio. Fue nombrado senador de Roma, pero al vencer Carlos de Anjou, el rey de Sicilia, sobre los gibelinos, el infante cayó prisionero. Pasó un total de veinte y seis años encerrado en el castillo de Santa María en la provincia de Pulla. Pudo salir de su prisión en 1294, y regresó a Castilla.

cántiga alude a otro amor del infante: esta vez con su madrastra, doña Juana de Ponthieu, la viuda de su padre, Fernando III el Santo.[37]

En ese invierno de 1294-1295, don Juan Manuel llegaba a conocer a una figura, de hecho, bastante legendaria y romántica, de quien había escuchado en el pasado muchas historias. Aparte de la historia del amor del infante don Enrique por la infanta doña Constanza, esposa de su padre, sabemos que don Juan Manuel conocía otras no menos llamativas, como la que constituye la materia prima del ejemplo IX en su obra el *Conde Lucanor*. En este ejemplo el autor cuenta "lo que contesçio en Tunez a dos caualleros que biuian con el infante don Enrique." Esta historia quizás se la hubiera contado el propio infante don Enrique en cualquier ocasión posterior o, incluso, en aquella primera entrevista.

Pero, sobre todo, el infante don Enrique representaría para el joven don Juan Manuel un modelo que admirar e imitar: de una parte, como caballero que "avia muy grand fama e ardideza e grand prez de caballeria," pero, sobre todo, como representante de ese especial estamento al que don Juan Manuel pertenecía, el de los miembros de la familia real que la ley de

---

[37]   Copiamos la cántiga, y también los comentarios que añade Ballesteros:

> Amigas, eu oi dizer
> que lidiaron os de Mouron
> con aquestes d'el-rei e non
> poss 'end'a verdade saber:
> se e vivo'o meu amigo,
> que troux'a mia touça sigo
> Se me mal non estevesse
> ou non fosse por enfinta
> daria esta mia cinta
> a quem m'as novas dissesse:
> se e viv'o meu amigo,
> que troux 'a mia toura sigo.

"Finge el trovador que doña Juana está inquieta por la suerte de su "entendedor'. Sabe que pelearon los de Moron, es decir, los del infante, con los del rey. Ella quiere saber qué sucedió. Teme por la vida de su amigo que en el combate llevaba la toca de la reina, como talismán, sobre su armadura. Expresa la enamorada que si no guardara las conveniencias, si no tuviera que fingir indiferencia, ofrecería su ceñidor al que le trajera nuevas más cumplidas de su amigo. Si alguien pudiese dudar de las personas a quienes se refiere el poeta, una rúbrica del *Cancionero Vaticano*, que acompaña a los versos, le sacaría de dudas. Dice así: "Esta canyiga fez don Gonçalo Eanes do Vinhal a don Anrique en nome da reinha dona Joana, sa madrasta, porque dizian que era su entendedor, quando lidou en Mouron con don Nuño e con don Rodrigo Alonso que tragia o poder del rey'" (*Alfonso X el Sabio*, 116).

114

primogenitura privaba de tener un reino propio. En los diez años que van de su regreso a Castilla a su muerte en 1304 —que coincidieron con diez años muy impresionables en la formación personal del autor— el infante Enrique mostró más energía y ambición que nunca. De hecho, regresó del exilio con toda la intención de retomar su lugar como el hijo de Fernando III el Santo y recuperar la honra y la riqueza que pensaba que correspondían a este lugar de privilegio. En otras palabras, produjo mil disturbios en la minoría de Fernando IV, de quien fue tutor. Otros tantos mil disturbios produjo don Juan Manuel, como sabemos, cuando llegó a la edad para ello.

Podemos imaginar también que don Juan Manuel tenía en esta etapa de su vida en que escribió el *Libro de las armas* una nueva razón para acordarse de su tío. Cuando lo había conocido por primera vez, don Enrique tenía sesenta y cuatro años, y cuando don Juan Manuel escribía el *Libro de las armas* tenía aproximadamente la misma edad. Al saberse sexagenario, se habría sentido más cerca de su tío que nunca.[38]

XVII.   El amor entre primos

Las otras tres experiencias que relata don Juan Manuel son sus tres encuentros con su primo Sancho IV, hijo de Alfonso X. A diferencia de la breve mención casi gratuita del infante don Enrique, éstas son funcionales, porque participan en el objetivo auto-panegírico del libro. En relación con todas ellas don Juan Manuel insiste en que su primo le apreció y le quiso mucho, que miró mucho por su bien y le tuvo mucha confianza. Insiste también en que él le correspondió a su vez con amor y lealtad.

El primer encuentro tuvo lugar en Valladolid. El hijo de infante salió largo trecho de la ciudad para recibir al rey, ya bastante debilitado por su enfermedad mortal:

---

[38]   Don Juan Manuel estaba relacionado con su tío por otra vía muy curiosa. Unos años después de su regreso a Castilla, hacia 1300, el viejo aventurero se casó —que sepamos, por primera vez— con doña Juana Núñez de Lara, "la Palomilla", es decir, la que ahora era la suegra de don Juan Manuel, la madre de su tercera esposa, doña Blanca Núñez de Lara. El infante don Enrique murió en 1304 sin haber tenido hijos con la Palomilla. Ella se volvio a casar algunos años después con don Fernando de la Cerda, el nieto de Alfonso X, con quien tuvo a doña Blanca. Este dato siguiente es más curioso todavía: cuando la Palomilla se enviudó a la muerte del infante don Enrique, su hermano don Juan Nuñez, aliado de don Juan Manuel, quería que éste mismo se casara con ella, a lo que nuestro autor se negó.

Et ante de sant Miguel, desque los panes et vinos fueron cogidos en el reyno de Murçia, vin me yo paral rey et llegue a el a Ualladolid, el dia que el rey y entro, et alli andube a el vna grand pieça ante que llegasse a la villa, et plogol mucho conmigo et fizo me dese camino mucho bien et mucha onra et acrecentome grand partida de la tier(r)a que del tenia (460-465).

Notemos que lo que le interesa al autor es demostrar desde un principio lo generoso que fue Sancho IV con él. En otras palabras, que fue don Sancho un buen protector y proveedor, un buen rey y un buen familiar que le trató con justicia. Enseguida afirma que si Sancho IV hubiera vivido más tiempo, por él habría llegado a tener mucha honra y mucho poder:

Et çierta mente quien bien viesse las cosas que me el dizia et quantos bienes me fazia, bien podria entender que si tienpo et hedat oviese para ello, que non fincaria por el de me llegar a grand onra et a grand estado (465-468).

Otro bien que le hizo el rey en esta ocasión fue arreglarle el matrimonio ventajoso con la infanta doña Isabel, hija del rey de Mallorca: "Et dese camino tracto el mio casamiento et de la infanta donna Ysabel, fija del rey de Mallorcas, que era su prima" (469-470). (En efecto, la primera mujer del hijo de infante fue prima de Sancho IV. La madre del rey, doña Violante, era hermana de Jaime de Mallorca).

El segundo encuentro con Sancho IV fue en Peñafiel, villa del autor. También aquí lo único que quiere demostrar el autor es el amor y la generosidad de que ambos hicieron gala. Dice don Juan Manuel que hizo todo lo posible para que la estancia del rey en su casa fuera placentera. Le colmó de atenciones y le proporcionó placeres, de modo que el rey quedó muy satisfecho. Sancho IV, a su vez, le hizo un gran regalo: le dio dinero para construir un castillo en Peñafiel:

Et desque oue morado con el unos dias en Ualladolit, mando me venir para aqui a Pennafiel. Et por quel consejaron los fisicos que se fuese para el reyno de Toledo, que non es tierra tan fria commo Castiella, mouio de Valladolit entre sant Martin et Nauidat. Et enbio dezir que queria venir morar aqui comigo algun dia, et sabe Dios que me plogo ende mucho con el.

Et desque lego aqui, fiz le quanto seruiçio et quantos plazeres

116

pudi, en guisa que fue el ende muy pagado; et estando aqui vn dia, dixo me quel pesaua mucho por que yo era tan mal labrador et por que dexaua aquella muella de aquel castiello estar asi yerma. Et mando a Pero Sanchis, su camarero, que me diese dineros con quel labrase, et con aquellos dineros labre yo este castiello mayor de Pennafiel(470-483).

Es a través de la frase siguiente como nos damos cuenta de que el autor insiste en recordar lo mucho que le quiso Sancho IV para reprocharle a Alfonso XI el mal que siempre le había hecho. Es la frase a que ya hemos aludido, en que don Juan Manuel hace protesta de lealtad a los monarcas castellanos:

Et Dios me lo demande al cuerpo et al alma, si [por] los vienes et la criança que el en mi fizo, si lo non serui lo mas leal mente que pude a el et al rey don Fer[r]ando, su fijo, et a este rey don Alfonso, su nieto, en quanto este rey me dio lugar para quel siruiese et me non oue a catar del su mal (483-487).

Don Juan Manuel da a entender que, si Alfonso XI le hubiera tratado con justicia, esto es, generosamente, como lo hizo Sancho IV, le habría sido un buen servidor.

El tercer y último encuentro es el que más elabora don Juan Manuel. Es también la escena que más relieve tiene en el *Libro de las armas*, pues es la más larga. En ella el rey Bravo está ya muy enfermo, acostado en la cama en que ha de morir, en una de las recámaras del convento de las monjas dominicas de Madrid. Manda traer a su joven primo don Juan Manuel, quien acude inmediatamente. Reunidos con ellos en la recámara están los de más confianza de ambas casas. Están parados todos alrededor de la cama del rey. Este ha sentado a don Juan Manuel a su lado ("tomome de los braços et asentome cerca si"), y se despide de él, entre las angustias de la tos, con un largo y elocuente discurso. La parte principal de este discurso la estudiaremos en las siguientes secciones, pero aquí interesa señalar algunos detalles que tienen relación con nuestro tema presente, el amor que dice el autor que le tuvo Sancho IV, y la lealtad con que aquél le correspondió.

El discurso entero es una muestra del amor que tuvo el rey a su primo adolescente; pero en algunas partes ese amor está más subrayado que en otras, y las pruebas que de él se presentan son varias y distintas. Ante todo, es patente el tono de extrema confianza con que el rey le habla, revelador de una gran intimidad. Le habla como si fuese el más allegado a él, como a un

117

hijo, como a la persona que más quiere. Le dice también que sus casas son como una sola, y pide a los suyos allí presentes que sigan sirviendo a su protegido:

> Don Iohan, commo quiere que todos los mios tengo yo por vuestros et todos los vuestros tengo yo por mios, pero sennalada mente estos que agora estan aqui tengo que son mas apartada mente mios et vuestros que todos los otros..." Et entonçe dixo muchas cosas por que aquellos se estremaran al su seruiçio et mio, et otrosi, vienes sennalados que el et yo fizieramos contra ellos, por que estos tenia el mas apartada mente por suyos et mios de quantos avia en nuestras casas (510-517).

Sancho IV pide a don Juan Manuel que se duela de su muerte, "por que perdedes en mi vn rey et vn sennor, vuestro primo cormano, que vos crio et que vos amaua muy verdadera mente" (524-526). La implicación es que, con la muerte del rey, don Juan Manuel va a quedar desamparado de la persona que más le quiere y puede velar por su bien. El desamparo de don Juan Manuel es patente, comenta el rey, pues "non vos finca otro primo cormano en el mundo si non aquel pecador del infante don Iohan, que anda perdido en tierra de moros" (526-528).[39] Por otra parte, reconoce que don Juan Manuel sufre al saber que no puede prestar socorro en esta postrera tribulación y está seguro de que sacrificaría su propia vida en defensa de él:

> La otra es que [me] vedes morir ante vos et non me podedes acorrer; et bien çierto so que commo quier que vos [sodes] muy moço, que tan leales fueron vuestro padre et vuestra madre et tan leal seredes vos, que si viesedes venir çient lanças por me ferir, que vos metredes entre mi et ellas por que feriessen ante a vos que a mi, et querriades morir ante que yo muriesse. Et agora vedes que estades vos viuo et sano, et

---

[39] Efectivamente, este "pecador", el infante don Juan, hijo de Alfonso X, había ido por estas fechas a Tanger, donde se puso al servicio del rey moro Abu Yaaçab. A esta traición a su fe habían antecedido otras traiciones a su hermano Sancho IV. El infante don Juan habría de regresar a Castilla después de la muerte de su hermano, y arreglárselas para ocupar una posición de mucho poder en el reinado de Fernando IV y para ser nombrado tutor —junto con el infante don Pedro, hermano de Fernando IV— en la minoría de Alfonso XI. En 1319 murieron ambos tutores en la Vega de Granada, y según se cuenta, de una manera vergonzosa. En todo caso, la referencia al infante don Juan aquí en el *Libro de las armas* sirve para señalar otro "pecador" al lado del cual el hijo de infante resplandece de virtud.

que me matan ante vos, et non me podedes defender nin acorrer (528-535).

También se debe doler don Juan Manuel de su muerte, le dice Sancho IV, porque "yo fío por Dios que vos biuredes mucho et veredes muchos reys en Castiella, mas nunca y rey avra que tanto vos ame et tanto vos reçele et tanto vos tema commo yo" (540-543). Esta supuesta predicción, al estar hecha en el presente en que el autor escribe, equivale a una afirmación. Don Juan Manuel, de hecho, había vivido mucho tiempo y había visto varios reyes (Sancho IV, Fernando IV y Alfonso XI). También como afirmación de don Juan Manuel debemos ver la segunda parte de la predicción: ni Fernando IV ni, lo que es más importante, Alfonso XI lo amaron tanto como lo amó el rey Bravo. Aquí don Juan Manuel reprocha otra vez al rey Alfonso XI, pero muy en voz baja.

El autor dice también, notemos, que Sancho IV no sólo le amó mucho, sino que también le temió mucho y le tuvo mucho recelo, mientras los reyes que le sucedieron no le tuvieron el mismo respeto. Esta afirmación llama sobremanera la atención. Está implicado en ella que don Juan Manuel habría deseado que Alfonso XI le hubiese amado, y a la vez temido también. Esto era querer un imposible: es difícil que harmonice el amor con el temor y el recelo. En esta dificultad encontramos una explicación para el comportamiento rebelde de don Juan Manuel y, por otra parte, para el desamor de Alfonso XI hacia él.

El deseo del hijo de infante de que el rey Alfonso XI, al mismo tiempo que lo amara, lo temiera y tuviera recelo de él, se basaba en su obstinado propósito de no recibir amor a precio de perder poder. Claro que lo que el rey quería era quitar poder y subordinar a su antiguo tutor. Por tanto, habría sido preciso ser dependiente de él en todo para ser amado por él. La lealtad, la obediencia y la sumisión eran el precio que había que pagar por sus favores. Pero el hijo de infante, no sin razón, consideraba que ser sumiso era perder poder, y por ello no podía aceptar las exigencias regias. Alfonso XI estimaba, por su parte, que cualquier vasallo capaz de inspirar temor y recelo era demasiado poderoso, era un rebelde potencial que amenazaba sus derechos de rey. Visto así el conflicto de intereses y personalidades, podemos afirmar que era muy difícil que no se desamaran, si se temían y se recelaban mutuamente.

Don Juan Manuel hace especial hincapié en la generosidad de Sancho IV para con él, porque la forma de mostrar un rey amor a su vasallo o a su familiar incluía necesariamente el aumento de su riqueza. No había amor si no había dádivas y favores y privilegios. La expresión del amor regio es la generosidad. Por otra parte, el vasallo noble expresaba su amor al rey con la lealtad. La lealtad era la virtud más alta que podía poseer un noble. Por esto don Juan Manuel se adjudica en el *Libro de las armas* la virtud de la lealtad. Ahora bien, era difícil para el rey ser constantemente generoso: los nobles no se contentaban con lo que tenían, pedían siempre más, como lo hizo don Juan Manuel. Y, a su vez, era difícil para un noble ser siempre leal: corría el peligro de perder poder, de convertirse en un "león" manso y servil. De hecho, era este un conflicto de muy difícil solución.

XVIII. *El linaje maldito de los reyes castellanos*

El *Libro de las armas* cobra forma artística con la última escena en la que Sancho IV moribundo le habla a don Juan Manuel. Recordemos que la primera imagen del libro es la del infante don Manuel todavía en el vientre de su madre, a punto de nacer. Sancho IV está aquí, al final del libro, a punto de morir. Además, el nacimiento del infante don Manuel está rodeado de toda suerte de bendiciones que anuncian su bienaventurada llegada al mundo como ser enviado por Dios con una misión divina. Sancho IV, en cambio, muere maldito por sus pecados: "Ca bien cred que esta muerte que yo muero non es muerte de dolençia, mas es muerte que me dan mios pecados, et sennalada mente por la maldiçion que me dieron mio[s] padre[s] por muchos mereçimientos que les yo mereçi" (536-539). Este contraste refuerza el mensaje principal del libro, que los dos linajes tienen destinos muy opuestos. También el propio discurso de Sancho IV sirve para reforzar este mensaje: el rey hace una cuenta de las maldiciones que heredó de sus padres y enumera las bendiciones con las que fue colmado su interlocutor, el joven don Juan Manuel. Según la mentalidad medieval, la maldición y la bendición son fuerzas ineluctables que pasan de generación en generación cumpliendo su dictámen. La misma muerte de Sancho IV sirve de ejemplo de la inexorabilidad de la fuerza de la maldición, por lo que también queda sugerido el futuro cumplimiento cierto de las bendiciones heredadas por los Manueles.

En la escena que recrea don Juan Manuel vemos que Sancho IV muere maldito por todos lados; las maldiciones reunidas se concentran sobre él con una fuerza temible. El rey le explica a su joven primo:

Yo non vos puedo dar bendiçion [por] que la non he [de mios padres]; ante, por mios pecados et por mios malos mereçimientos que les yo fiz, oue la su maldicion. Et dio me la su maldicion mio padre en su vida muchas vezes, seyendo biuo et sano, et dio me la quando se moria; otrosi, mi madre, que es biua, dio me la muchas vegadas, et se que me la da agora, et bien creo por çierto que eso mismo fara a su muerte; et avn que me qui[s]ieran dar su bendiçion, non pudieran, ca ninguno dellos non la heredo, nin la ovo de su padre nin de su madre. Ca el sancto rey don Fer[r]ando, mio abuelo, non dio su bendiçion al rey, mio padre, si non guardando el condiçiones çiertas que el dixo, et el non guardo ninguna dellas; et por esso non ovo la su bendiçion. Otrosi la reyna, mi madre, cuydo que non ovo la bendiçion de su padre, ca la desamaua mucho por la sospecha que ovo della de la muerte de la infanta donna Constança, su hermana. Et asi mio padre nin mi madre non avian bendiçion de los suyos, nin la pueden dar a mi, et yo fiz tales fechos por que mereçi et oue la su maldicion, et por ende lo que yo non he, non lo puedo dar a uos nin a ninguno (565-583).

Obviamente no podemos comprobar que estas fueran las palabras de Sancho IV. Ahora bien, sí podemos decir que los hechos referidos no los inventó don Juan Manuel; son hechos para los que había enunciados antecedentes. En efecto, hay prueba escrita que podemos reunir con respecto a estas maldiciones enumeradas, con excepción de la última. La última es inverosímil, ya que la infanta doña Constanza murió después que su padre, y "¿cómo éste había de maldecir a una hija por asesina de otra que aún vivía?" pregunta, con razón, Giménez Soler (*Don Juan Manuel*, 695). Pero para las otras hay documentación de la época que las apoya. A continuación presentamos esta documentación.

Alfonso X maldijo a su hijo don Sancho, que se sepa, tres veces, la primera vez en público, el 8 de octubre de 1282, y luego en sus dos testamentos, escritos el 8 de noviembre de 1283 y el 10 de noviembre de 1284. Los acontecimientos que le motivaron a maldecir a su hijo son los siguientes.

En 1275, mientras Alfonso X estaba en Francia, su hijo primogénito, don Fernando de la Cerda, murió. Su muerte planteó el problema de la sucesión al trono castellano. Quedaba el segundogénito, el infante don Sancho, pero también quedaban los hijos del difunto primogénito, los infantes de la Cerda, don Alfonso y don Fernando, habidos con doña Blanca, hija de

San Luis, rey de Francia. Legalmente ambos el segundogénito y el nieto mayor de Alfonso X tenían derecho al trono. Según la ley tradicional, la corona correspondía al infante don Sancho, pero en las *Siete Partidas* se había introducido "un nuevo sistema sucesorio, llamado de primogenitura y representación, en virtud del cual el nieto, en este caso don Alfonso de la Cerda, era preferido al tío, el infante don Sancho" (González Mínguez, *Fernando IV*, 22). Sin embargo, no se habían empezado a aplicar los códigos de las *Siete Partidas*, por lo que la causa del segundogénito tenía más apoyo popular. Pero no por esto hubo menos problemas. Antes de morir, don Fernando de la Cerda le pidió al poderoso noble don Juan Nuñez de Lara que se encargara de ver que su hijo primogénito heredase el trono. Por su parte, el infante don Sancho, no dispuesto a que le arrebatasen su derecho a la corona, se confederó con otro noble poderoso, don Diego López de Haro (*Crónica del rey don Alfonso Décimo*, Biblioteca de Autores Españoles, Tomo 66, 1953 LXV).

Alfonso X regresó de Francia en agosto de 1276. Vaciló en solucionar el problema sucesorio. Pero en el mismo año, estando el rey en Toledo, habló con él don Lope Díaz de Haro en nombre del infante don Sancho y su derecho a la corona. El rey Sabio "mandó llamar al infante don Manuel e otros de su consejo, e díjoles la fabla que don Lope Diaz ficiera con él sobre el fecho de don Sancho, e preguntóles que le aconsejaban en ello" (*Crónica del rey don Alfonso Décimo*, LXVII). El infante don Manuel fue el primero de responder, señalando que la corona la debía heredar el segundogénito:

> "Señor, el árbol de los reyes non se pierde por postura, nin se desereda por y ál que viene por natura, e si el mayor que viene del árbol fallesçe, debe fincar la rama de so él en somo; e tres cosas son que non son so postura, ley, ni rey, ni reino; e cosa que sea fecha contra cualquiera destas, non vale nin deve ser tenida nin guardada" (*Crónica, LXVII)*.

El rey Sabio aceptó el consejo de su hermano, y en las cortes en Segovia declaró heredero del reino a su hijo don Sancho: "E el rey mandóles que fiziesen pleito e omenaje al infante don Sancho su fijo primero heredero, que después de días del rey don Alfonso que lo oviesen por su rey e por su señor" (*Crónica, LXVIII)*.

Esta declaración produjo descontento en el otro bando. La madre de Sancho IV, doña Violante, apoyaba la causa de sus nietos, con quienes se fugó a Aragón, donde era rey su hermano Pedro III. También huyó con ellos la madre de los infantes de la Cerda, doña Blanca. Alfonso X no reaccionó a tiempo para detenerlos. Su ira cayó sobre su hermano, el infante don Fadrique, y su camarero, don Simón Ruiz, a quienes encontró culpables de haber aconsejado a doña Violante su fuga, y los mandó matar (Ibidem).

Con la declaración también quedó descontento el rey de Francia, Felipe III el Atrevido (1270-1285), hermano de doña Blanca y tío de los infantes de la Cerda. Amenazó a Alfonso X de hacerle guerra si no revocaba la declaración hecha a favor del infante don Sancho y hacía otra a favor de sus sobrinos. Al principio Alfonso X se opuso firmemente. En 1281, sin embargo, llegaron a un compromiso: accedió el rey Sabio a la propuesta del rey francés de entregarle a don Alfonso de la Cerda el reino de Jaén como feudo de Castilla, lo cual propuso en las cortes de Sevilla en octubre del mismo año. El infante don Sancho no quiso de ninguna manera acceder a esta concesión, por lo que se rebeló contra la voluntad de su padre y comenzó su labor de apoderarse del reino castellano (*Crónica*, LXXIV).

El infante don Sancho contaba con poderosos aliados: sus hermanos el infante don Juan y el infante don Pedro, su tío el infante don Manuel, don Lope Díaz de Haro, el señor de Vizcaya, y el hermano de éste, don Diego López de Haro. Buscó también el apoyo del rey de Portugal, don Dionís, y del rey de Aragón, Pedro III, y de los maestres de Calatrava y de Santiago. En abril de 1282 don Sancho convocó una reunión de cortes en Valladolid. En ella habló por él el infante don Manuel, quien propuso que le fueran entregados a su sobrino el gobierno, la justicia, las rentas y las fortalezas del reino. Y así se hizo. Don Sancho se abstuvo de tomar el título de rey por respeto a su padre, a quien por otra parte dejaba completamente desheredado, con excepción de las ciudades de Sevilla y Murcia, que permanecieron fieles al rey (*Crónica*, LXXVI).

Precisamente en Sevilla estaba el rey Sabio cuando le llegaron noticias de lo sucedido en las cortes en Valladolid. "No fallo en la mía tierra abrigo, nin fallo amparador, nin valedor, non me lo merecieron ellos sino todo bien que les yo había fecho", escribió el rey al Sultán de Marruecos (Jose LLampayas, *Alfonso X, el Hombre, el Rey, el Sabio*, 174). El rey reaccionó maldiciendo y desheredando a su hijo don Sancho en público ante el pueblo sevillano, el 8 de octubre de 1282. Esta maldición pública fue documentada por el analista aragonés Zurita en sus *Indices*, pero nuestra fuente es el historiador Ballesteros, quien recoge el texto de Zurita en su libro *Alfonso X el Sabio*. Sólo copiamos un fragmento:

Por cuyos errores delitos e otros muchos, que cometió irreverente mente contra nos, sin temor de Dios, ni respeto a su padre, et serían largas de referir o assentar por escrito, le maldecimos, como a merecedor de la maldición paterna, reprovado de Dios, e digno de ser aborrecido, con justa razón, de los hombres. E le sujetamos en adelante a la maldición divina e humana. E como a hijo rebelde, inobediente e contumaz, ingrato e aun ingratíssimo, e por tanto degenerado, le desheredamos e privamos de qualquier derecho que haya tenido a nuestros Regnos, sennoríos, tierras, honores, e dignidades, o otra qualquier cosa que en alguna manera nos pertenezca, para que ni él, ni otro por él, ni ninguno descendiente suyo pueda jamás sucedernos, en cosa alguna a todo lo qual le condenamos por esta sentencia irrevocable, que promulgada en presencia de todos los testigos infrascritos e de otros muchos, mandamos autorizar con nuestro sello pendiente (997-998).

El 8 de noviembre de 1283 Alfonso X —en Sevilla todavía, donde permanecería hasta su muerte— otorgó su primer testamento, en el que volvió a maldecir y a desheredar a su hijo, nombrando herederos a los infantes de la Cerda. José LLampayas cita este testamento en su libro *Alfonso X, el Hombre, el Rey, el Sabio*. Otra vez, sólo copiamos un fragmento:

Et por ende don Sancho por lo que fizo contra nos, debía ser desheredado de todas las cosas, por el desheredamiento que nos fizo, tomando nuestras heredades a muy grand quebrantamiento de nos, et por non querer esperar fasta la nuestra muerte por haberlos con derecho et como debía, desheredado sea de Dios e Santa María, et nos desheredámoslo.

Otrosí, por fuero et por ley del mundo que non herede en lo nuestro el ni los que vinieren del, por siempre jamás. Otrosí, porque nos desapoderó contra verdad et contra derecho del mayor desapoderamiento que nunca fue fecho a home, debe ser el desapoderado, e decimos contra el aquel mal que Dios estableció contra aquél que tales cosas dixiese, et esto es, que sea maldicho de Dios; et de Santa María, et de toda la corte celestial, et de nos; et por disfamámoslo nos de aquel desfamamiento que el se quiso haber; et que, así como traición fizo de nuestras cosas, que así lo damos nos por traidor en todas et por cada una dellas; de guisa que non tan sola mente haya aquella pena que traidor merezca en España, mas en todas las tierras do el acaeçiere vivo o muerto (178-179).

En el segundo testamento repitió que desheredaba a su hijo, y reiteró su voluntad de que heredasen el trono castellano sus nietos. Murió el 4 de abril del mismo año (1284). De su familia sólo su hija preferida, doña Beatriz, reina de Portugal, estaba con él. La *Crónica* de su reinado dice que antes de morir perdonó a su hijo don Sancho, pasándole la heredad de la corona (LXXVII). Pero Zurita, observa Mínguez, desmintió tal perdón considerándolo una invención de la propaganda de don Sancho (*Fernando IV, 26*). En todo caso, los testamentos de Alfonso X no se cumplieron, y don Sancho fue reconocido rey el 26 de abril de 1284.

Es probable que doña Violante también hubiese maldecido a su hijo don Sancho "muchas vegadas", como nos dice don Juan Manuel. Desde un principio tomó el partido de sus nietos, mostrando por éstos más amor que por su hijo. En 1282, sin embargo, acudió a las cortes en Valladolid para apoyar a don Sancho, traicionando a su propio esposo el rey (*Crónica*, LXXVI). (El rey Sabio, en efecto, quedó virtualmente abandonado por su mujer en los últimos cinco años de su vida). Pero si hubo en algún momento buenas relaciones entre madre e hijo, éstas debieron de haberse roto en el momento en que don Sancho, ya rey, le quitó a su madre tierras que ella tenía. No parece, de hecho, que doña Violante le tuvo mucho amor a su segundogénito, por lo que podemos decir, sin miedo a equivocarnos, que en caso de no haberle maldecido tampoco le habría dado su bendición.

Queda todavía por documentar la afirmación que hace don Juan Manuel, por boca de Sancho IV, de que tampoco Alfonso X contó con la bendición de su padre Fernando III el Santo, ya que no cumplió con las condiciones que la acomañaban. Efectivamente, encontramos en la *Primera Crónica General* que el rey Santo, antes de morir, dio la bendición a su heredero con algunas condiciones, que de no cumplirlas, atraerían sobre él su maldición en lugar de su bendición:

> Fizo açercar a si don Alfonso su fijo, et alço la mano contra él, et santiguólo e diól su bendiçion, et desí a todos los otros sus fijos. Et rogó a don Alfonso que llegase sus hermanos a sy, et los criase et los mantouiese bien, et los leuase adelante quanto podiese, et rogól por la reyna que la touiese por madre et que la onrrase et la touiese sienpre en su onrra commo a reyna conuiene, et rogól por su hermano don Alfonso de Molina, et por las otras hermanas quel auíe, et por todos los ricos omes de los sus regnos, et por los caualleros que los onrrase et les fiziesse sienpre algo et merçed et se touiesse bien con ellos et les guardase bien sus fueros et sus franquezas et sus libertades todas, a

ellos et a todos sus pueblos. Et si todo esto quel le encomendaua et rogaua et mandaua conpliese et lo fesiese así, que la su bendiçión conplida ouiesse; e sy non, la su maldiçión, et fizol responder 'amen' (Manuscrito en el Seminario Menéndez Pidal, Madrid, C. 1132).

De todas estas condiciones, diría don Juan Manuel, la que no cumplió el rey Sabio fue la de criar, mantener bien y llevar adelante a sus hermanos: desheredó al infante don Enrique, mandó ahogar al infante don Fadrique y, según plantea el autor en el *Libro de las armas*, escamoteó la posesión del reino de Murcia al infante don Manuel. Por tanto, la bendición que le dio en un principio su padre habría dejado de valer y en su lugar se habría impuesto su maldición. Recordemos, por otra parte, que don Juan Manuel ya había asentado en la primera razón que sobre Alfonso X también cayó la maldición divina. Es decir, esto sugiere cuando menciona el sueño "muy contrario" que tuvo la reina Beatriz estando encinta de su primogénito.

Don Juan Manuel se complace en reunir en su texto una referencia a cada una de estas maldiciones que hemos visto, como si haciéndolo las diera nueva vida y las empujara a actuar sobre el rey Alfonso XI, el nieto y el bisnieto de Sancho IV y Alfonso X respectivamente. No había mejor manera de maldecir a este rey que conjurando en un solo instante todas las maldiciones que le pasaron sus ascendientes. Es decir, igual que el autor sugiere que debió de haber sido rey, también plantea implícitamente, con la reunión de estas maldiciones, que Alfonso XI no tenía derecho al trono castellano por ser descendiente de esta rama maldita. Sancho IV ahora termina su "fabla" enumerando las bendiciones que heredó su joven primo, don Juan Manuel.

XIX. *La espada Lobera de los Manueles*

Dentro de la escena en la que Sancho IV le habla al joven hijo de infante está incluida otra muy similar: para explicarle cómo heredó él, don Juan Manuel, las bendiciones de sus padres, el monarca tuberculoso primero recuerda cuando su abuelo, Fernando III el Santo, también en su lecho de muerte, en 1254, habló con su hijo el infante don Manuel. La incorporación de esta escena en la otra, de la cual es en todo paralela, es una estructura artística:

Et so bien çierto que la avedes [la bendicion] vos conplida mente de vuestro padre et de vuestra madre, ca ellos heredaron la de los suyos. Et contar vos he commo la ovo vuestro padre del rey don Fer[r]ando, nuestro abuelo. Quando el rey don Fer[r]ando fino en Seuilla, era y con el la reyna donna Juana, su muger, et el infante don Alfonso, su fijo, mio padre, que fue rey, et el infante don Alfonso de Molina, su hermano, et todos o los mas de sus fijos (584-590).

Recordemos que esta escena de Fernando III rodeado de su familia a la hora de su muerte se encuentra en la *Primera Crónica General*, que citamos arriba. La fuente de don Juan Manuel muy bien pudo haber sido ésta, en caso de que no lo hubiera sido Sancho IV, como propone aquí el autor. En el caso de haberla leído la habría reproducido aquí con el objetivo de introducir un cambio importante, es decir, un enfoque muy distinto: en lugar de ser su primogénito el infante don Alfonso es el infante don Manuel con el que habla el rey Santo en esta versión manuelina. De hecho, Sancho IV explica que al llegar el momento de repartir la herencia el rey, a todos sus hijos les dio algo menos al infante don Manuel: "et dexolos a todos muy bien heredados, saluo a vuestro padre, que era muy moço" (590-591). Estaba allí presente, sin embargo, don Pedro López de Ayala, el encargado de criar al infante don Manuel, y "traxo el moço al rey et pidiol por merced que se acordase del" (592-593). Aquí añade el monarca tuberculoso que su abuelo estaba ya muy "çerca de la muerte", y fue con un gran esfuerzo que habló con su hijo, al que entregó su espada Lobera y las armas que mandó que divisaran para él:

> Fijo, vos sodes el postremer fijo que yo oue de la reyna donna Beatriz, que fue muy santa et muy buena mugier, et se que vos amaua mucho; otrosi [vos amo yo], pero non vos puedo dar heredad ninguna, mas douos la mi espada Lobera, que es cosa de muy grant virtud, et con que me fizo Dios a mi mucho [bien] (595-601).

Es cierto que el infante Manuel heredó la espada Lobera de su padre. Lo sabemos porque don Juan Manuel la tuvo en su posesión, la usó en las batallas en las que participó, y la legó a su vez a su hijo don Fernando.[40] Esta

---

[40] Don Juan Manuel llevaba la espada Lobera en la batalla del Salado contra Marruecos y Granada (1340). El autor estaba en la primera fila de la delantera, que no avanzó —quizás por voluntad de don Juan Manuel— cuando el rey dio la orden de cruzar el río. García Jufre de Almirante, vasallo del rey, que también iba en la delantera, se acercó a don Juan Manuel y le dijo con sarcasmo: "que la espada Lovera, que dezien que era de gran virtud, que mas deuie de fazer en aquel dia" (*GC*,

herencia, recalca don Juan Manuel por boca de Fernando III, es mayor que la que recibieron los demás infantes:

> Et demas desto diol la su bendiçion, deziendo que pedía merçed a Dios quel diese et le otorgase la bendiçion que el le daua, ca el le daua todas bendiçiones quel podie dar; et que tenia que en estas cosas quel avia dado quel heredaba mejor que a ninguno de sus fijos (611-615).

Se entiende que es mayor herencia que la de sus hermanos porque lo que heredan el infante don Manuel y su linaje es un poder en el futuro mucho mayor que con el que contarán ellos y sus propios linajes. En efecto, la espada Lobera, como las espadas en las leyendas, se presenta en el *Libro de las armas* como el símbolo máximo de la herencia, es decir, del futuro poder. Quien la hereda, hereda la promesa segura de conquistas futuras. La espada, además, suele diferenciarse de la corona y del cetro —los símbolos del poder real — en que éstos no señalan necesariamente virtud; en cambio, hereda la espada el que es virtuoso. De hecho, en la espada se reúnen la virtud y el poder. Quien tiene la espada es quien merece la corona, quien, con la espada —la virtud en acción de poder—, la puede conquistar. Esto mismo plantea don Juan Manuel explícitamente. Califica la espada Lobera de "cosa de muy grant virtud", a través de la cual obra Dios. Dios obra a través de ella concediendo a los que la poseen, en este caso los Manueles, tres "gracias": la de siempre vencer, la de siempre crecer en estado y en honra y la de siempre contar con un heredero legítimo que asegure la continuación de su linaje:

> Et dixo entonce el rey don Ferrando a vuestro padre quel daua estas armas et esta espada et que pidia merçed a nuestro sennor Dios quel fiziese estas tres gracias: la primera, que doquier que estas armas et esta espada se acertasen que sienpre vençiessen et nunca fuessen vençidas; la segunda, que siempre [a los de] este linage que traxiessen estas armas los creçiese Dios en la su onra et en su estado, et nunca los menguase ende; la terçera, que nunca en este linage falleciesse heredero legitimo (605-611).

II, CCCXXX). Don Juan Manuel lega a su hijo Fernando Manuel la espada Lobera en sus dos testamentos. Véase "Dos testamentos inéditos de don Juan Manuel" de Mercedes Gaibrois de Ballesteros, en *Boletín de la Real Academia de la Historia*, XCIX, 1931, 25-59.

La espada Lobera se define, así, como la llave del destino glorioso del linaje, como el objeto que promete establecerlo en el lugar más alto del poder, el lugar que en un principio le fue destinado.

La imagen final y culminante del *Libro de las armas* es la del joven don Juan Manuel coronado y colmado de bendiciones y amor. Sancho IV le explica que él heredo las bendiciones extraordinarias de su abuelo al heredar las bendiciones de sus padres:

> Et asi vuestro padre heredo conplida mente la bendiçion del rey don Fer[r]ando, su padre et nuestro abuelo; et por que la heredo et la ovo, pudo la dar a vos.
>
> Et so muy bien çierto que la dio a vos, quando morio, muy de buen talante; ca vos fuestes a el fijo muy deseado et muy amado, et por ende so çierto que vos dio la su bendiçion la mas conplida mente que el pudo; et se çierto que la vuestra madre que ovo la bendiçion de su padre et de su madre, et que amaua mucho a vos et leuo conbusco et por vos mucha lazeria, et quando fino en Escalona, se por çierto que vos dio su bendiçion la mas conplida mente que pudo; et asi vos heredastes et auedes la vendiçion de vuestro padre et de vuestra madre, et dieron vos la ellos por que la heredauan de sus padres (615-627).

Y ahora Sancho IV remata su "fabla" despidiéndose de su primo y dándole lo que él mismo no posee y por tanto no puede dar, su bendición:

> Et pues la avedes, commo dicho es, et yo non he bendiçion, mas he maldicion, commo dicho es, non vos puedo dar otra bendiçion, nin vos faze mengua; mas por [que] los reys son fechura de Dios et por esto an auantaia de los otros omnes, por que son fechura apartada de Dios, et si por esto yo vos la puedo dar alguna bendiçion, pido por merçed a Dios que vos de la su bendiçion et vos do la mia, quanta vos yo puedo dar. Agora, don Iohan, sennor, llegad vos a mi et dar vos [la] he por despedir me de vos (627-635).

XX. *El sueño de don Juan Manuel se cumple post-mortem, y de la manera más inesperada y torcida*

En suma, don Juan Manuel hace en el *Libro de las armas* una distinción

129

marcada entre el poder sin virtud y la virtud que merece el poder. Don Juan Manuel demuestra que los reyes castellanos no habían desempeñado su poder con virtud, por lo que la justicia divina habría de colocar en su lugar el poder justo de los Manueles, un linaje sumamente virtuoso, como se nos ha demostrado con las pruebas del sueño de la reina Beatriz, las armas con sus símbolos, el león, el ala, la mano, y la espada, espada que representa la espada Lobera, la prueba por excelencia de su virtud y futuro poder.

Lo que conocemos de don Juan Manuel no nos permite pensar que él mismo creía lo que formuló en el *Libro de las armas*. Su capacidad superior para razonar, componer "razones", señala una extrema conciencia de que la verdad es relativa, es decir, según se razona, según se quiere y se puede razonar. Acepta la existencia de otras razones que también proponían ser verdad: "et si fallaredes otra razon mejor que esta, a mi me plazera mas que la falledes et que la creades" (33-35). Sin embargo, el que don Juan Manuel no creyera ingenuamente en la verdad de sus razones no quiere decir que no quiso creer en ella; no quiere decir tampoco que no creyera en la posibilidad de que sus "razones" terminasen acertando en su visión del futuro más que cualquier otra razón. Desde nuestra perspectiva histórica, ésta es la última y, en cierto modo, la mayor gracia que tiene el *Libro de las armas:* que la visión del futuro que desarrolla se cumplió, en la realidad de la historia, si no del todo, al menos parcialmente, y, desde luego, de la manera más inesperada, según a continuación ilustramos.

Don Juan Manuel murió de muerte natural en 1348.[41] Dos años después murió Alfonso XI atacado por la peste que de Francia, Inglaterra e Italia había llegado por fin a España. Alfonso XI fue sucedido por su hijo don Pedro, llamado el Cruel o el Justiciero. Este Pedro I enfermó gravemente en el primer año de su reinado, y ante la posibilidad de que muriera "sin fijo nin hermano legítimo heredero de los dichos reynos", los nobles empezaron a proponer posibles sucesores, entre los cuales estaban don Juan Núñez de Lara, el antiguo aliado de don Juan Manuel, y el mismo hijo de éste, don Fernando Manuel. Sin embargo, el rey no tardó en reestablecerse, por lo que "cesaron estas quistiones." Enseguida ambos don Juan Nuñez y don Fernando Manuel murieron; lo repentino de sus muertes hizo sospechar que fueron envenenados. En todo caso, murió el hijo heredero de nuestro autor a los diez y ocho años de edad, lo que para don Juan Manuel —en caso de vivir todavía— habría sido el más grande de sus pesares. Pero aquí no ter-

---

[41] Véase el artículo valioso de Luis Rubio García: "La muerte de don Juan Manuel" (*Don Juan Manuel : VII Centenario*, 325-336).

mina la historia de su descendencia. Con doña Blanca de la Cerda y de Lara el hijo de infante había tenido también una hija, doña Juana Manuel. En 1350 doña Juana Manuel se casó con don Enrique, el conde de Trastámara, el primer hijo bastardo que tuvo Alfonso XI con su amante doña Leonor de Guzmán. Tal como hubiera querido hacer su padre, don Fernando Manuel, quien todavía vivía, quería anular este matrimonio que no se había consumado, y casar a su hermana con el rey don Pedro. Doña Juana Manuel y el conde de Trastámara estaban por estas fechas con doña Leonor de Guzmán en el palacio de Sevilla en que la tenía encarcelada Pedro I. Cuando doña Leonor se enteró de las intenciones de don Fernando Manuel, allí mismo hizo que su hijo don Enrique "fiziesse bodas con la dicha donna Iohana. E así lo fizo el conde e consumió el dicho matrimonio escondida mente en aquel palacio" (Pedro López de Ayala, *Corónica del rey don Pedro, XII*). Ya no hubo manera de casar a doña Juana con el rey don Pedro, por lo que de esta manera tampoco se cumplió el sueño de don Juan Manuel. Sin embargo, se cumplió de otra manera mucho más insólita. En 1369 el conde Enrique de Trastámara mató a su hermanastro el rey don Pedro y ocupó el trono. Su esposa doña Juana Manuel devino así reina de Castilla y León. La sangre de los dos viejos rivales, Alfonso XI y don Juan Manuel, se unió en el sucesor de la nueva dinastía, Juan I, el nieto de ambos. Ni en su sueño más loco se podía haber imaginado don Juan Manuel que sus esperanzas se cumplirían de esta manera tan torcida y tan irónica. Más irónico es que no viviera para verlo.

INDICE

Scripta Humanistica

Directed by
BRUNO M. DAMIANI
The Catholic University of America
COMPREHENSIVE LIST OF PUBLICATIONS*

1. Everett W. Hesse, The "Comedia" and Points of View. $24.50
2. Marta Ana Diz, Patronio y Lucanor: la lectura inteligente "en
    el tiempo que es turbio." Prólogo de John Esten Keller. $26.00
3. James F. Jones, Jr., The Story of a Fair Greek of Yesteryear.
    A Translation from the French of Antoine-François Prévost's
    L'Histoire d'une Grecque moderne. With Introduction and
    Selected Bibliography. $30.00
4. Colette H. Winn, Jean de Sponde: Les sonnets de la mort
    ou La Poétique de l'accoutumance. Préface par Frédéric De-
    loffre. $22.50
5. Jack Weiner, "En busca de la justicia social: estudio sobre el
    teatro español del Siglo de Oro." $24.50
6. Paul A. Gaeng, Collapse and Reorganization of the Latin
    Nominal Flection as Reflected in Epigraphic Sources. Written
    with the assistance of Jeffrey T. Chamberlin. $24.00
7. Edna Aizenberg, The Aleph Weaver: Biblical, Kabbalistic, and
    Judaic Elements in Borges. $25.00
8. Michael G. Paulson and Tamara Alvarez-Detrell, Cervantes,
    Hardy, and "La fuerza de la sangre." $25.50
9. Rouben Charles Cholakian, Deflection/Reflection in the Lyric
    Poetry of Charles d'Orléans: A Psychosemiotic Reading. $25.00
10. Kent P. Ljungquist, The Grand and the Fair: Poe's Land-
    scape Aesthetics and Pictorial Techniques. $27.50
11. D.W. McPheeters, Estudios humanísticos sobre la "Celestina." $20.00
12. Vittorio Felaco, The Poetry and Selected Prose of Camillo
    Sbarbaro. Edited and Translated by Vittorio Felaco. With a
    Preface by Franco Fido. $25.00
13. María del C. Candau de Cevallos, Historia de la lengua espa-
    ñola. $33.00
14. Renaissance and Golden Age Studies in Honor of D.W. Mc-
    Pheeters. Ed. Bruno M. Damiani. $30.00
15. Bernardo Antonio González, Parábolas de identidad: Reali-
    dad interior y estrategia narrativa en tres novelistas de post-
    guerra. $28.00
16. Carmelo Gariano, La Edad Media (Aproximación Alfonsina). $30.00

68. Mario Aste, *Grazia Deledda: Ethnic Novelist* $38.50

BOOK ORDERS

* Clothbound. *All book orders,* except library orders, must be prepaid and addressed to **Scripta Humanistica**, 1383 Kersey Lane, Potomac, Maryland 20854. *Manuscripts* to be considered for publication should be sent to the same address.